歴史認識を問う

天日 隆彦　著

晃洋書房

はじめに

歴史について論じる時、私は折に触れ山の話をする。例を挙げれば、富士山の標高、地形、地質等は、科学的データに基づいて客観的に把握できる事柄だ。しかし、静岡県側から観る富士山は、すそ野の広い雄大な山だが、山梨県側から望む富士山は、急峻な山である。近くから観る時と、遠くから眺める時でも印象が異なる。

歴史上の出来事も、史料に基づく実証研究によって、ある程度の範囲内までは共通了解が得られる。しかし、歴史の叙述は論じる人の経験、立ち位置、思想信条によって異なってくる。実証を重んじる歴史家でも、史実をどのように解釈・構成するかは、一定程度、主観に依らざるを得ない。イギリスの歴史家、E・H・カーは、歴史とは「現在と過去との間の尽きぬことを知らぬ対話」と述べた［Carr 1961：邦訳 40］。

先の大戦をめぐっても、様々な論争が行われてきた。日本が残虐な侵略戦争を行ったと断罪する見解もあれば、英米の圧迫に対して日本は立ち上がったのだという主張もある。その両極の間には、様々な中間的な見解もある。これらの議論の前提として、明治以来の日本の歩みをどのようにとらえるべきかという問題も存在する。

一方で、先の大戦をめぐって「南京大虐殺」「慰安婦」「真珠湾攻撃」など個別の問題、史実をめぐる論争も行われてきた。こうした論争においては、推論に過ぎないことが一般には史実として受け止められたり、証言の信ぴょう性をめぐって争われたり、言葉の定義が食い違ったりと、混迷を深めている感が否めない。

本書は、明治から1945年の第二次世界大戦終結までの日本の歩みをどう評価するかという問題を歴史認識問題として定義した上で、事実関係及び論争を整理する試みである。執筆にあたっては、以下の点に留意した。

第一に、歴史認識問題についての論点を整理しつつ、基本的な考えを示すことを目指した。

第二に、問題の概要は分かっているが、細部の事実関係を確認したいという学生や公務員、弁護士、ジャーナリストといった実務家にも役立つよう、注釈、資料にも重点を置いた。

最後に、本書の立ち位置について述べておきたい。著者は長く読売新聞論説委員として、歴史問題や論壇の取材を行ってきた。戦後60年を機に始めた長期連載企画「検証 戦争責任」（2005年8月－2006年8月）［読売新聞戦争責任検証委員会（以下、読売）2009a：2009b］では、右派・中間派・左派と様々な立場の論者の話を聞く機会に恵まれた。その経験から、個人の世界観、思想信条によって強調点が異なることをいつか整理したいと考えてきた。なお本書の主張はあくまで著者個人の見解であり、私自身のポジションは、敢えて分類するのであれば中間派に近いものである。

本書が、歴史認識をめぐる問題の整理に、少しでも役立つことを願っている。

目次

第8章　ドイツの歴史問題……145

第1章 「侵略」をめぐって

1 村山談話

「わが国は、遠くない過去の一時期、国策を誤り、戦争への道を歩んで国民を存亡の危機に陥れ、植民地支配と侵略によって、多くの国々、とりわけアジア諸国の人々に対して多大の損害と苦痛を与えました。――中略――ここにあらためて痛切な反省の意を表し、心からのお詫びの気持ちを表明いたします。また、この歴史がもたらした内外すべての犠牲者に深い哀悼の念を捧げます(1)」

戦後50年を迎えた1995年8月15日、村山富市首相が閣議決定を経て発表した、いわゆる「村山談話」の一節である。

戦後の歴代首相は、1970年代までは歴史認識に関する踏み込んだ発言は避けてきた。例えば田中角栄首相は過去に行われた日本の戦争について「侵略戦争であったかなかったかという端的なお答えは、後世史家が評価するものであるということ以外にはお答えできません」[2]（1973年2月2日、衆議院予算委員会）と述べている。実際、当時の国民の間に、先の大戦に対する加害者意識は希薄であった。しかし、1980年代に入り、中国が改革開放路線を進め、日中間の交流が拡大する中で、日本の過去の戦争に対する姿勢が改めて問われていくことにもなる。

1982年6月には、高校の歴史教科書の検定で、中国に「侵略」したという表現が「進出」に書き改められたと日本のメディアが報じ、中国がこれに強く反発した。[3]鈴木善幸首相は「戦前の我が国の行為に対する評価は後世の史家の判断に俟つべきものだが、中国も含め国際的には『侵略』であるとの厳しい批判があることも事実であり、政府としても十分認識する必要がある」と述べ、是正を約束した

［読売新聞昭和時代プロジェクト2016：197］。

日本の首相として「侵略」を初めて明確に認めたのは、中曽根康弘首相だった。「国際的に侵略であるという厳しい批判を受けている」事実を「十分認識する必要がある」[4]（1982年12月8日衆議院本会議）と述べている。

1993年に非自民連立政権が樹立されると、細川護熙首相は就任後初の記者会見で、先の大戦について「侵略戦争であった、間違った戦争であったと認識している」[5]と、さらに踏み込んだ。

そして2年後、社会党委員長でもあった村山富市首相が表明したのが、「村山談話」であった。「侵略と植民地支配」に対する「痛切な反省」と「心からのお詫びの気持ち」を明記した「首相談話」は閣議決定された。この政府見解は、今日も変わっていない。

しかし、村山談話に対しては、当時、保守層の一部からは強い反発の声が上がった。「侵略」には、

「悪事」に等しいマイナスの意味合いがあり、国のために命を捧げて戦った兵士たちへの冒瀆とも受け止められたからであろう。「欧米諸国こそアジアに対する侵略者だった」という批判の声も上がった。日本近現代史を、「侵略」という言葉で単純化することへの抵抗もあったのだろう。

にもかかわらず、近代日本の歩みには、「侵略」と認めざるを得ない部分があったと考える。その理由を以下、論じていきたい。

2　「侵略」の定義

村山談話から20年後の2015年8月14日、安倍晋三首相は戦後70年の「安倍談話」を発表した。過去の首相談話を「全体として引き継ぐ」としつつ、村山談話とは若干、異なるメッセージを発した。

「事変、侵略、戦争。いかなる武力の威嚇や行使も、国際紛争を解決する手段としては、もう二度と用いてはならない。植民地支配から永遠に訣別し、すべての民族の自決の権利が尊重される世界にしなければならない。先の大戦への深い悔悟の念と共に、我が国は、そう誓いました(6)」

「侵略」という言葉を用いながら、その主語を日本と明記することは避けた。そこに安倍の強いこだわりを見ることも出来る。安倍首相は、就任後まもなく、「侵略という定義については、これは学界的にも国際的にも定まっていない」「国と国との関係において、どちら側から見るかということにおいて違う(7)」（2013年4月23日、参院予算委員会）と国会で答弁していた。

野党から追及されると、「日本が侵略しなかったと言ったことは一度もない」としつつ、歴史認識において首相が述べることは、外交問題や政治問題に発展していくので、歴史認識について踏み込んで発言することは「抑制すべき」[8]（2013年5月15日参院予算委員会）であると持論を述べた。村山談話は否定しないが、自身の口から「日本が侵略をした」とは述べたくない。戦後70年談話を発表するにあたっても、日本を主語に「侵略」と明記することは、何としても避けたかったということなのだろう。

なお、1974年の国連総会においては「侵略の定義」（Definition of Aggression）決議が採択され、侵略を「一国が他国の主権、領土保全若しくは政治的独立に対して武力を行使すること、又は国際連合憲章と両立しない他のいずれかの方法により武力を行使すること」（決議附属書1条）［鹿島 2013b：103］と定義した。これに対して、安倍首相は、個々の案件が侵略か否かは、国連総会の決議を指針に国連安保理が政治的に決めていくものであって、「学界的に明確な定義がなされたかということについてはそうではない」[9]（2013年5月8日参院予算委員会）としている。

ただ、日本の歴史認識問題に関連して「侵略」という言葉を用いる場合、通常はそこまで厳密な定義は意識されていないだろう。本書では、「他国に攻め入って土地や財物を奪い取ること。武力によって、他国の主権を侵害すること」［小学館『大辞泉』編集部編 1998：1397］という意味で、「侵略」という言葉を用いていきたい。

3　侵略否定論

1993年に細川首相の「侵略」発言が出た直後、「英霊にこたえる議員協議会」など自民党の靖国関係三協議会は、武村正義官房長官に抗議の申し入れを行った。三協議会は、「一方的な、自虐的な史観の横行は看過できない」として「歴史・検討委員会」（衆参両院議員105名の委員で構成）を設置し、「大東亜戦争を如何に総括するか」をテーマに識者から意見聴取を行った。ちなみに93年7月の衆院選に初当選を果たした安倍晋三も、同委員会の委員に名を連ねていた。

自民党の歴史・検討委員会は識者からの意見聴取をまとめ、『大東亜戦争の総括』として発表した。この中に、中村粲の「大東亜戦争はなぜ起こったのか」と題した講演記録が所収されている［中村1995］。中村には『大東亜戦争への道』［中村1990］という大部の著作もあり、開国から1945年の終戦までの道程を詳細に論じてもいる。大東亜戦争肯定論、侵略否定論を代表する見解の一つと位置付けられよう。

どのような論理で侵略を否定するのか。以下、中村の主張の概要を、時代順に要約した上で、検討してみたい。

4　開国から日露戦争まで

議論の概要

日本の明治維新・開国の時、アジアの大半は西洋の植民地となっていた。特に日本にとって最大の脅威はロシアだった。ロシアが侵略的な体質を持った国であったことに加え、支那（中国）[10]と朝鮮が非常に衰弱した国であったことが、ロシアの侵略を招くことになった。中国と朝鮮にロシアの南下を食い止める意思と用意があったならば、アジアの歴史は全く違っていただろう。ロシアは義和団事件をきっかけに、満洲（満州）[11]全域、さらに朝鮮[12]にまで兵を進め、中国北部まで侵略計画の中に入れてしまった。このロシアの南下に対して戦う決意をもっていた国は日本しかなかった。日露戦争はアジアを救うための戦争であった。放っておけば次に侵略されるのは日本であったがゆえに、日本の自衛戦争でもあった。アジアの指導者たちは、軍国日本を称えこれを羨望した。日露戦争の後、日本は韓国を併合するが、それは東洋の平和と日本の安全のためであった〔中村 1995：12―15〕。

明治の指導者が、ロシアの脅威を意識し、朝鮮半島がロシアの勢力下に入ることを恐れていたのはその通りだろう。幕末から明治初期にかけて主張された征韓論には様々な背景があったが、ロシアの東漸に備えて朝鮮に地歩を築いておかなければならないというのは有力な議論の一つだった。1890年の

第1回帝国議会で山県有朋首相は、主権線（領土）を守るだけではなく、主権線の安全に密接に関連する利益線（具体的には朝鮮半島）に対する影響力を確保しなければならないと述べていた。日清戦争後に日本が清から獲得した遼東半島について、ロシアが三国干渉でその放棄を「勧告」し、後に自らの租借地としたことで、日本のロシアに対する警戒感はより一層高まった。

作家の司馬遼太郎は、その代表作の一つである小説『坂の上の雲』の中で、明治の青春群像を描き、ロシアの脅威に立ち向かって日露戦争を戦った明治国家を肯定的に描き上げている。日露戦争までの日本の歩みは正しかったとする「司馬史観」とも呼ばれる歴史観は、多くの日本人に共有されている。(13) 中村の日露戦争までの歴史観は、「司馬史観」とも大きな齟齬はない。

ただし、日露戦争の勝利がアジアの人々に希望を与えたという主張については、注釈が必要だ。インド独立運動の指導者、ネルーは、『父が子に語る世界歴史』の中でこう述べている。

「アジアの一国である日本の勝利は、アジアのすべての国ぐにに大きな影響をあたえた。わたしは少年時代、どんなにそれに感激したかを、おまえによく話したことがあったものだ。たくさんのアジアの少年、少女、そしておとなが、同じ感激を経験した」［Nehru 1939：邦訳 221］

「ところが、その直後の成果は、少数の侵略的帝国主義諸国のグループに、もう一国をつけ加えたというにすぎなかった。そのにがい結果を、まずさいしょになめたのは、朝鮮であった」［Nehru 1939：邦訳 222］

独立運動のために投獄されていたネルーが、獄中より娘に宛てた書簡の形でこの文章を書いたのは、満州事変の翌年、1932年のことだった。日露戦争の勝利に熱狂したアジアの人々は、日本が欧米列強と同じ道を歩んでいくことに気づくと、日本の歩みに冷ややかな視線を注ぐようになっていたのである。

なお、韓国併合について中村は以下のようにも述べている。

「韓民族にとって、それは慟天哭地すべき哀史であり、それを日本の〝侵略〟と受け止めるも蓋し自然な感情であらう。――中略――だが同時に、日本のためにも弁ずる所なければならぬ。我国は他国に先立って韓国を独立国家と認めたにも拘らず、この国は独立し得なかった。その結果、我国は二度、国運を賭して戦つた。我国は三たび戦ふことを欲しなかつたが故に、空名にしか過ぎない独立を取消し、この国を併合したのである」〔中村 1990：129〕

明治の初めより、日本外交の最大の目標は朝鮮の独立であり、朝鮮半島が敵対的な第三国の支配下に陥らないようにすることだった〔北岡 2017：121〕。日本は官民上げて朝鮮の近代化を支援したが、壬午事変（1882年）、甲申事変（1884年）を経て、清国の影響力が強まる中で、日本が望むような近代化路線は挫折した。福沢諭吉は、近代化を目指す朝鮮の独立党リーダー、金玉均らを個人的に熱く支援していたが、甲申事変で独立党が壊滅すると深く失望し、有名な『脱亜論』（1885年）で、「我れ《わ》は心に於《おい》て亜細亜東方の悪友を謝絶するものなり」〔福澤 2003：265〕と述べた。

日清戦争、日露戦争も、朝鮮の独立が最大の眼目であったが、日本は朝鮮を自らの支配下におさめてしまった。帝国主義の時代においては、他国の支配を阻止することは、自ら支配することをしばしば意味した〔北岡 2017：121〕。併合は、日本と韓国との交渉によって進められ、欧米諸国もこれを是認した。韓国側に併合を拒否する力はなかった。しかし、日露戦争後の韓国併合を機に、日本が「侵略的帝国主義諸国のグループ」に加わったという指摘は重い。

5　満州権益と対華二十一ヵ条要求

議論の概要

日露戦争が終わると、日本はポーツマス条約で満州の権益（遼東半島及び南満州鉄道の租借権）を初めて獲得した。しかし、清国は、日本の力で満州をロシアから取り戻してもらったにもかかわらず、アメリカ、イギリスの力を借りて日本を排斥しようとした。その結果、満鉄に対する妨害工作が行われた。大東亜戦争は、中国をめぐる日本とアメリカの抗争だが、その基本的性格は、日露戦争の終わり頃に生じている。また、日本のアメリカへの移民を排斥する排日移民問題も、もう一つの抗争としてあらわれる。この二つの形の争いは継続し、大東亜戦争にも大きな関係をもってくる。

中国では1911年に辛亥革命が起きて、清朝が倒れ中華民国が誕生する。1914年に第一次世界大戦が始まると、日本はその翌年、中国に対華二十一ヵ条要求を突き付けた。中国侵略の代名詞のように言われるが、決してそんなものではない。日露戦争後に日本が獲得した満州の権益が、中国の排日と米英の介入で非常に不安定になったので、これを確固たるものにしようとしたものである。特に新しい権益を要求したとは言えず、さほどあくどいものであったとは言うことは出来ない〔中村 1995：16—17〕。

アメリカで日系移民排斥が起きたのは、人種的偏見とともに、アジア・太平洋の強国として台頭する日本への違和感だったとされる。カリフォルニア州議会は1913年、米国市民になる資格のない外国人（日本人を想定していた）の土地所有を禁止する法案を可決した。さらに1924年には連邦レベルでの排日移民法が成立し、日本からは囂々たる非難、憤激の声が上がった。ただ、日系移民排斥が日米関係を悪化させたのは確かだが、移民問題が日米開戦の直接の原因であったわけではない。

日露戦争後、アメリカが満州の利権を求めて動き始めたことは指摘の通りである。アメリカの鉄道王、E・H・ハリマンは満鉄の日米共同管理を日本政府に持ちかけたが、小村寿太郎外相の猛反対で実現しなかった。1909年には米国務省が満鉄線に並行する錦愛鉄道敷設計画を立ち上げ、日露の抵抗で頓挫した。しかし、満州の鉄道問題によって、日米や日中の軋轢が決定的になったわけではない。日露戦争において日本を支援したセオドア・ルーズベルト米大統領は、日本の膨張のはけ口が必要であることを認め、国務省を抑えて日本の満州政策を認める立場をとった。中国における門戸開放と太平洋の現状維持を日米で確認した1908年のルート・高平協定は、そうしたアメリカの立場を示すものだった。

日中間の友好的な雰囲気も続いていた。日清戦争後、多数の中国人留学生が日本を訪れ、近代国家の政治制度を学んでいった。孫文ら中国の革命家らは、1905年に東京で中国革命同盟会を結成、日本人有志の支援を受けた。

日中関係を大きく悪化させたのは、1915年、第2次大隈重信内閣が中華民国の袁世凱政府に突き付けた対華二十一ヵ条要求である。最大の眼目は、満州における租借権の期限（関東州は1923年、南満州鉄道は1939年）を、99年間に延ばすことにあった。また日本が第一次大戦でドイツから奪った膠州湾の権益を日本が継承することも求めた。二十一ヵ条要求を主導した加藤高明外相は、膠州湾を中国に返還して「好意」を示すというカードをタイミング良く切ることによって、満州権益について中国側の理解を得ようとしたとの見方もある［奈良岡 2015：154―155］。欧米列強は、内示された要求（1号―4号要求）に反対しなかった。しかし、加藤の予想をはるかに超えて、国内各方面から中国に対する強硬な要求が噴出したため、政府はこれを受け入れる形で、日本人政治顧問派遣、日中共同警察など内政干渉的な要求を秘密条項（第5号要求）として盛り込んだ。門戸開放原則に反する要求を、しかも秘密裡に突き付けていたことで、これが中国側から公表されると、欧米諸国から批判を浴びることになる。

結局、日本は第5号を削除した上で、二十一ヵ条要求の主要部分を袁世凱に受諾させたが、大規模な反日運動が盛り上がり、日本にいた中国人留学生の多くが帰国した。1918年に第一次世界大戦が終結、1919年のパリ講和会議で、膠州湾に対する日本の権益が認められるとの情報が伝わると、5月4日、北京大学の学生を中心に講和条約調印反対、二十一ヵ条要求廃棄を求めるデモ行進が行われ、抗議行動は中国各地に広がった。中国では一般に「二十一ヵ条要求」が、「日本による中国侵略の起点」とされている［奈良岡 2019：104］。

二十一ヵ条要求について、当時、野党の立憲政友会のリーダーだった原敬は、満蒙における日本の優越権は中国も諸外国も認めているとし、親善の道を尽くしていれば、こんな騒動をおこさなくとも実現できたことだと政府を厳しく批判している（1915年6月3日衆議院本会議）(14)。少なくとも第5号要求は外交上の失策であった。対華二十一ヵ条要求は、中国人の日本に対する信頼を失うという大きな代償を払うことになったのである。

6　ワシントン体制の成立と崩壊

議論の概要

アメリカは日本が第一次世界大戦中に勢力を広げていったことを面白く思わない。何とか日本の発展を抑止しようとして開いたのがワシントン会議（1921―1922年）だった。主力艦の保有量が対英米6割に抑えられ、太平洋の防備が制限された。日英同盟は廃棄させられた。中国の主権、独立を尊重する九カ国条約も結ばれた。この条約は、その後の日米の争いの基本的な争点を作り上げた。ワシントン会議は、日米の政治的決闘とさえ言われている。今日、1920年代は国際協調の時代で、これに逆らうようにして日本が満州事変（1931年）を起こしたと批判される。戦後の東京裁判で、満州事変は九カ国条約違反だとされた。しかし、東京裁判で日本側が反論したことでもあるが、条約締結時に予想しなかったことが起きた場合、事情変更の原則があって、条約を守る義務は消失する。1922年にソ連邦が誕生し、アジアの赤化に乗り出した。中国では国共合作により、国民党も赤化されていく。蒋介石の北伐が始まると、中国は様々な武力衝突を日本との間に引き起こす。日本人居留民に対する略奪、暴行、殺害もあった。北伐は、中国の南北を統一しようというもので、こうした戦乱が満州に持ち込まれる可能性も生まれた。中国は、中国と列強との間で結ばれた不平等条約を一方的な宣言で廃棄するという乱暴な「革命外交」も唱えた。革命外交の対象には、日本が日露戦争で獲得した関東州や満鉄の権益も含まれていた。また、世界各国がブロック経済をつくって、自分たちの勢力圏の中で貿易をする時代になると、これらのブロックから締め出された日本の関心が満蒙に向かっていくのは仕方がないことであった。白人世界への移民も排斥されると、年々百万増える人口を処理する場は満蒙の新天地ということになっていく。満州事変は、日本が勝手に国際協調を破って侵略を行ったといった単純なものではない。そもそも満州は歴史的に見て、中国とは別の地域であり、孫文も満州を中国とは見ていなかった。満蒙人自身が満州事変前から独立の計画をたてていた。満州事変後に誕生した満州国は安定し、中国の何倍も発展した〔中村 1995：18―24〕。

論点は3つに分けられる。第一に、ワシントン体制は日本の発展を抑止したいアメリカが作り上げたものだったのか。第二に、何がワシントン体制を崩壊に導いたのか。第三に、「満州事変は中国への侵略ではない」という主張をどう考えるか。以下、検討したい。

ワシントン体制を対日抑止という点でのみとらえるのは、一面的である。第一次世界大戦後の英米を中心とした新しい世界秩序は偽善的であるという主張は、確かに当時も日本の一部にはあった。代表的なのは、近衛文麿の小論「英米本位の平和主義を排す」(15)である。英米が唱える平和主義は、現状維持を便利とするものの唱える事なかれ主義であり、無条件に賛美すべきではないと論じていた。しかし、アメリカの台頭に早くから注目していた当時の首相、原敬は、日本外交にとって対米提携こそ日本の国益に合致するものと考え、ワシントン会議を前向きに受け入れた(16)。そこで日本が一方的に妥協を強いられたというわけでもない。アメリカが唱える中国における「門戸開放」「機会均等」の原則は確認されたが、すでに確立された列強の権益は互いに手を触れないという趣旨の妥協がなされ、日本の満蒙の権益はとりあえず確保された。主力艦保有量の制限や、太平洋における軍事基地強化の禁止は、むしろ日本に有利な内容であった。アメリカは経済力で日本を圧倒しており、軍拡競争が始まればアメリカの方が優位となるとみられたからである〔北岡 2017：159―160〕。日英提携を警戒するアメリカの意向により日英同盟が廃棄されたことは、日本にとって一つの「資産」の喪失であったが、総じてワシントン体制は国益に合致するものとして日本政府に受け入れられた。その後、国際協調主義を掲げた幣原喜重郎外相による外交（幣原外交）は、中国と共存共栄の基盤を築いた上で、満蒙の権益を守っていくことを目指し、中国に対する融和策を進めた。ワシントン体制を、アメリカによる対日抑止策として、その出発点から否定的にとらえるのは、あまりに一面的である。

しかし、ワシントン体制を取り巻く状況が、1920年代を通して大きく変化していったことも事実である。中国国民政府の革命外交は、ワシントン体制の下で保障された列強の利権を一方的に否認し、イギリスや日本を困惑させた。揚子江沿岸を中心に外国人居留民に対する襲撃事件も相次いだが、幣原外交は国民政府に融和的な態度をとり、国内世論の批判に晒された。1927年に民政党内閣に代わって政友会の田中義一内閣が成立、幣原外相が退くと、居留民保護のための出兵（1927年第1次山東出兵、

28年第2次山東出兵）が行われた。出兵後、山東省の省都、済南で国民革命軍と日本軍が衝突する済南事件が起きている（日本軍戦死者10人、居留民死者13人、中国側死傷者1000人）〔戸部 1999：145〕。ただし、田中内閣の外交（田中外交）も、ワシントン体制自体を否定するものではなく、29年に民政党内閣に代わると、幣原外交も復活した。英米と共同歩調をとりながら、漸進的な解決を図っていく幣原外交をアメリカはどのように見ていたのか。1920年代後半、アメリカの駐中国公使を務めていたジョン・マクマリーのメモランダム（1935年）は考えさせられる。幣原外交に厚い信頼を寄せていたマクマリーは、アメリカの官民の心情的な「中国贔屓」が、日本を失望させ、中国を高飛車にさせたと批判した。例えば済南事件で米国務省は、日本が故意に起こしたとの見解に傾き、米国の新聞報道も日本に厳しかった。中国の革命外交に共同歩調で臨むことを日本から求められても、米国務省は冷ややかだったという〔MacMurray 1992：邦訳 157―69〕。「軟弱な幣原外交では満州の権益が守られない」という認識が広まり、国民世論が軍の強硬策、満蒙領有論を支持していったことは間違いない。ワシントン体制の国際協調路線が、日本軍によってのみ一方的に破壊されたと見るのは確かに一面的であろう。

では、満州事変は中国に対する侵略であったのか。結論から言えば、「侵略」と言わざるを得ない。満州が中国かと言われれば、確かに歴史的経緯は複雑である。満州事変の以前から日本軍の力を借りて満州を独立させようという満蒙人らが存在したことも事実である。しかし、清朝末期には河北省や山東省から多くの漢民族が移住し、満州族の数は漢民族に対して一割にも満たなくなり、多くが漢民族に同化していった〔山室 1999：144〕。満州の支配者となった張作霖も、漢民族であった。張作霖が日本軍によって爆殺された後、息子の張学良が国民政府に恭順の意を示し、日本が租借した関東州、満鉄沿線を除く満州全域が国民政府の支配下に入ったのが満州事変勃発直前の状況であった。謀略によって満鉄線を爆破し、中国の仕業とし、日本政府の不拡大方針を無視して満州全域を支配下に置いた関東軍の行動は是認されるであろうか。ワシントン体制が揺らいでいるとの理由で、九カ国条約や不戦条約を無視して、他国の領土に攻め込むことが許されるであろうか。とりわけ、張学良の勢力を壊滅させるため満鉄所在地から150キロ離れた錦州を爆撃した錦州爆撃（1931年10月8日）は、満鉄の保護という「自衛」のための措置という説明を無効にし、諸外国の強い批判を浴びた。錦州爆撃は「他国領土に対する侵略行動」［細谷 2015：133］と言える。

事変当時、駐中国公使だった重光葵はこう述べている。「明治以来、積み立てられた日本の国際的信用は極めて大きなものがあった。我が国際的地位が一朝にして破壊せられ、我が国際的信用が急速に消耗の一途を辿って行くことは、外交の局に当たっているものの耐えがたいところであった」［重光 2001：62］。

満州事変から、日本の傀儡国家「満州国」の建国までのプロセスは、日本の中国に対する「侵略」であったと言わざるをえない。

7　日中戦争

議論の概要

満州事変後、日中関係は好転する。蒋介石は満州国に建前として反対するが事実上は黙認した。共産党を討伐してから、日本との問題を解決する「安内攘外」が方針だったからだ。しかし、張学良が蒋介石を一時監禁して内戦停止を迫った西安事件（1936年）により、共産党は起死回生のチャンスをつかみ、蒋介石は容共抗日に転じた。1937年7月7日の盧溝橋事件の最初の一発については偶発的要素があったが、これを拡大させたのは中国共産党だった。日本は早期解決を望んだが、中国は事件を列強の権益が集中している上海に飛び火させ、列強の関心をひきつけようとした。日本軍は首都・南京を攻略したが、重慶へ逃れた蒋介石との戦いは長期化していく。日本が求めていたのは中国の領土ではなく、蒋介石に容共抗日政策を放棄させることだった。重慶政府のナンバー2、汪精衛も、共産党を利するような日本との戦争をやめて日本と手を握りたいと考えていた。日本による働きかけの結果、汪は親日政権を南京に樹立した（1940年）。汪と蒋介石が合作して安定した統一支那を建設することが日本の願いだった。だが、アメリカは汪政権を否認、東南アジアの援蒋ルートを通じて蒋介石の支援を進めた。これが抗日戦を長期化させることにもなった。日本は泥沼から逃れようと、ドイツに接近し三国同盟を締結、このことがさらに日米関係を悪化させていく〔中村 1995：24―35〕。

日本軍が引き起こした満州事変は、1933年の塘沽《タンクー》停戦協定で一応収束し、確かに日中関係は一時的に安定した。しかし、日本軍は華北、内蒙古の5省を国民政府から分離し、そこに親日の地方政権を樹立する華北分離工作に乗り出した。そのため抗日の機運は再び高まり、特に西安事件後は、いつ日中の軍事衝突が起きてもおかしくない状況となっていた。そこで偶発的に起きたのが盧溝橋事件である。日本は中国との戦争を望んでおらず、中国側によって事変は拡大され、さらにアメリカの中国支援により事変は長期化したという主張は妥当なのか。

確かに、日本が望んで始めた戦争ではない。盧溝橋事件が起きた直後、参謀本部作戦部長の石原莞爾は、対ソ戦への備えを重視する立場から、事変の早期解決を主張した。しかし、中国軍を南方に駆逐しなければ、満州国の防衛も華北の安定も図れないとする「一撃論」が陸軍の大勢を占めた。近衛文麿首相も「一撃論」にひきずられ、戦線は拡大していく。日本側は、様々な和平工作を行ったが、満州国承認や華北における特殊政治機構設置など日本が求める条件は、蔣介石には受け入れ難いものだった。近衛首相は「国民政府を対手《あいて》とせず」(1938年1月16日)との声明を発表、華北には中華民国臨時政府(1937年12月)、華中には中華民国維新政府(1938年3月)が日本の後押しで成立していった。国民政府を否認して、これに代わる中央政府を樹立すべきだという軍の動向が、「対手とせず」声明の背景にあった[戸部 1999:201]。

中国国民政府は抗日戦争を望んでいたのだろうか。中国の知識人で日米開戦時に駐米大使も務めた胡適は、盧溝橋事件の2年前の1935年に「日本切腹、中国介錯」論を唱えている。中国が覚悟して日本との戦争を正面から引き受けて、３、４年間の苦戦を忍べば、世界中の人々が中国に同情する。米英ソが対日参戦し、日本は自滅の道を歩む。中国はその介錯役だという議論だ。これには賛否両論があり、蔣介石の判断が注目されたという〔鹿２００７：２０８―１０〕。蔣介石も、「日本が中国を征服するには、まず英米ソなど中国と深い関係にある列国に勝たなければならない」と見ていた〔鹿２００７：２０７〕。ヨーロッパで第二次世界大戦が勃発すると、抗日戦を「世界戦争と結び付け、世界戦争と同時に終了しなければならない」と、抗戦継続の方針を確定している〔鹿２００７：２４０〕。盧溝橋事件以後、中国側によって戦略的な抗日戦が展開されたと見ることもできる。しかし、それをもたらしたのは、対華二十一ヵ条要求から満州事変、華北分離工作に至る一連の強硬策であったことも事実である。

アメリカの汪兆銘（精衛）政権否認、蔣介石支援については、どう考えるべきか。汪兆銘は中国国民党の初期からの有力メンバーであり、孫文の最側近であった。中国のソビエト化を恐れ、日本との妥協を訴えていた。日本が汪に日中和解の期待を託すのは自然の流れだったろう。しかし、汪は国民政府の主流とはなり得ず、アメリカが蔣介石を見捨てることは、現実には考えにくいことであった。なお、留意すべきは、「日中戦争」が国際法上、戦争とみなされていなかったことである。「戦争」であれば、中立の第三国から支援を得られなくなるため、日中双方とも宣戦布告はせず、日本は戦線拡大後も「北支事変」と呼び続けた。アメリカは、援蔣ルートを通じて国民政府に軍事物資を提供する一方、日本にも１９４１年前半まで石油供給を続けた。

日本は国際社会で孤立を深める中、ヨーロッパで快進撃を進めるドイツへの接近をはかることになる。フランス植民地の仏印（フランス領インドシナ、現在のベトナム、ラオス、カンボジア）やオランダ植民地の蘭印

（オランダ領東インド、現在のインドネシア）を日本の勢力下に置く上でも、対独接近は必要と考えられた。ドイツとの同盟は、対英米関係を決定的に悪化させると日本国内の親英米派は反対した。しかし、軍部、革新官僚に支えられて再登場した第2次近衛内閣は、日独伊三国同盟を締結した。同盟締結とほぼ同時に、北部仏印に進駐した。近くを通る援蔣ルートを遮断するとともに、今後の領土と資源の問題を有利に展開していこうと考えたのだった。仏印は、親独のヴィシー政権下にあり、日本軍の進駐に同意した。アメリカは日本に対する屑鉄の輸出禁止で応じた。

三国同盟と北部仏印進駐によってアジアの戦争とヨーロッパの戦争が結びついた［戸部 2011：75］。日本は英米から、侵略国ドイツと同列に見られることになった。外交上の大きな失敗であった。

8　日米交渉

議論の概要

日本は日中戦争を終結させるために、1941年1月から民間ルートを通じてアメリカと交渉を始めた。4月には、満州国承認も盛り込んだ「日米諒解案」がアメリカ側から提案され、日本側は大歓迎する。しかし、松岡洋右外相が横やりを入れたため「諒解案」は流れ、松岡は更迭された。このころ、日本はアメリカの経済圧迫で資源が枯渇してきたので、オランダの植民地、蘭印と経済交渉を始めていた。しかし、オランダの背後にはアメリカやイギリスがおり、交渉は進まない。日本は南方に進出するため、仏印当局と合意の上、南部仏印に進駐した。しかし、アメリカは日本資産の凍結、日本に対する石油禁輸という対抗措置をとる。近衛首相は、ルーズベルト大統領とのトップ会談で打開をはかろうとするが、アメリカはなかなか応じなかった。ルーズベルトはチャーチルと大西洋会談（8月）を開き、対日戦争の場合の協力関係を築こうとしていた。9月6日御前会議は、10月上旬までに日米交渉がまとまらなければ、戦争を決意すると決定した。10月2日にアメリカから首脳会談拒否の通知が届くが、近衛内閣は戦争を決断できず総辞職した。続く東条英機内閣も対米戦争を望んでいなかった。東条内閣は中国からの暫時撤兵を柱とした甲案をアメリカに提示、これが拒否されると、南部仏印進駐以前の状態に戻すという内容の乙案を提示した。これに対するアメリカの回答（ハル・ノート）は、「支那及び仏印」からの陸海軍、警察力の撤退、汪兆銘政権の否認などを求めており、到底受け入れ難い内容だった。日本はアメリカとの開戦を決意した［中村 1995：36—45］。

日本政府は戦争を回避したかったが、アメリカは首脳会談に応じず、最後には日本にとって受け入れ難い「ハル・ノート」を突き付け、日米開戦に至ったという説明である。

アメリカは日本との戦争を望んでいたのだろうか。戦争を決断したとすれば、どの時点で、何を理由に決断したのだろうか。

満州事変の際に、アメリカのスティムソン国務長官は、不承認主義の声明を出して日本を非難したが、制裁には踏み切らなかった。三国同盟も非難し、ほぼ同時に行われた北部仏印進駐を理由に、屑鉄の対日輸出禁止措置をとったが、まだ日米交渉の余地はあった。もっとも、アメリカ側から提示された「日米諒解案」は、民間の交渉ルートのレベルでの提案であり、ハル国務長官が承知はしているものの同意していたわけではなかった［北岡 2013：413］。

転機は、南部仏印進駐だった。アメリカは、南部仏印に近い蘭印への威圧、侵攻準備と受け取った。石油資源が豊富な蘭印を日本が確保するということは、日本がアメリカからの石油輸入を断念すること、対米戦争に踏み切ることと解釈された。「日本の南部仏印侵略は、南西太平洋に全面的な攻撃を行う前の最後の布告だと思われる。日米交渉の最中にこういうことをしたのだから、交渉も継続する基礎はなくなったと思う」［Hull 1948：邦訳 174］。ハル国務長官は、人を介して野村吉三郎駐米大使にこう伝えた。ハルの回想によれば、「これから後日本に対するわれわれの主な目的は国防の準備のために時をかせぐことであった」［Hull 1948：邦訳 175］という。

しかし、近衛文麿首相はじめ日本の指導者たちは、南部仏印進駐が、対日石油禁輸という重大な結果をもたらすとは予測していなかった。近衛内閣が対米戦を望んでいなかったのはその通りだろう。しかし、国際情勢を見誤り、後戻りできないところまで行ってしまったのである(17)。

1941年の時点では、アメリカも戦争準備が整っておらず、一定の時間稼ぎが必要であった。日本が乙案を提案した際、アメリカは乙案に近い暫定協定案で応じる構えだった。そのハルが突然、暫定協定案の提示をやめ、厳しい「ハル・ノート」を提示した理由は定かでない。日本の大船団が南下しているという情報が入ったためという説もある(18)。

ルーズベルト大統領は、ある時点からイギリスを支援するためにもドイツとの戦争を視野に入れていた。日本との戦争も不可避と考えていたであろう。11月25日の段階では、いかにして日本が先に手を出すように持っていくかが検討されていた[19]。対米開戦に限って言えば、問題は意図的な「侵略」と言うよりはむしろ、世界を見誤ったことである。状況が悪化する前に、戦争を回避する道を開けなかったのは、日本外交の大きな失敗であった。

9 問われる戦争責任

日本の「侵略」を考える場合、その核となるのは満州事変である。日清戦争、日露戦争は、それぞれ清国、ロシアとの朝鮮半島をめぐる勢力争いという側面もあった。これに対して満州事変は、一方的に他国の領土に攻め込んだという点で、侵略との批判を免れない。盧溝橋事件以後の日中戦争は、中国側の反撃である。日中戦争の泥沼化、ドイツとの同盟、そして無謀な南進策によって日米関係は決定的に悪化し、ついに両国は開戦するに至った。戦争に敗れた日本は、ドイツと共に英米を中心とする平和秩序に対する挑戦者、侵略国と国際社会から位置付けられてしまった。

満州事変を引き起こしたのは、満蒙の権益を守り、満蒙を補給基地として総力戦に備えようという一部の軍人たちの視野狭窄であった。もっとも、欧米列強も当時、世界各地に植民地帝国を築き上げていた。日清・日露戦争の将兵の血で贖われたとも言われた満州の権益（遼東半島租借権、満鉄）を、日本としては手放すわけにはいかなかったのだろう。国際協調派の幣原外交も、この権益を守ることを当然の前提としていた。しかし、満州を含めた中国の統一をはかる中国ナショナリズムは、日本の既得権益を揺さぶった。幣原外交を軟弱と見た軍部が、満州事変を起こすことで、一挙に問題解決をはかろうとしたという構図である。

しかし、国際社会の潮流は逆の方向に向かいつつあった。第一次世界大戦の惨禍を経験したヨーロッパ諸国は、1928年に不戦条約を締結し侵略戦争を違法化した。その3年後に起きた満州事変は、アジアの片隅で起きた出来事であったにもかかわらず、1920年代に培われた平和主義、国際主義の潮流を断ち切るものと受け止められ、大きな衝撃を国際社会に与えた［細谷 2015：128］。リットン報告書は、満州の複雑な歴史、権利関係、日露戦争以来の日本の権益を認めた上で、満州に地方自治政権を設けることを勧告した。報告書は、それまでに培われた国際秩序に対する破壊行為に重大な懸念を抱いたのであった。中国ナショナリズムの矛先は欧米列強にも向かっていたが、満州事変とその後の華北分離工作によって、当面の主敵は日本となった。

満州国樹立、華北分離工作、汪兆銘政権樹立といった一連の工作は、日本の軍人の中国観とも関係していたと考えられる。中国は分裂状態であるととらえ、割拠する軍閥、実力者にアプローチして、親日的な地方政府を作っていくことを是とする感覚である。それは「支那通」と呼ばれる日本の軍人に共通する現場感覚でもあった(20)。そのことが「侵略」という感覚を麻痺させることにもなったのではないだろうか。

総体として日本の戦争責任が問われても仕方がないであろう。当時の政策の誤りを謙虚に反省し、未来に生かしていくことが大切である。

注

（1）「外務省ホームページ」（https://www.mofa.go.jp/mofaj/press/danwa/07/dmu_0815.html　2021年5月1日閲覧）。

（2）「国会会議録検索システム」（以下、国会）（https://kokkai.ndl.go.jp/txt/107105261X00419730202/158　2021年5月3日閲覧）。

（3）1981年度の教科書検定では、「侵略」が「進出」に修正された事例は一つもなく、誤報であった。ただし、その以前の検定では、「侵略」が「進出」に改められた事例はあった。その他の検定内容も含め、中国、韓国は反発し、外交問題に発展した。日本政府は「政府の責任で是正する」とし、さらに教科書検定基準の中に、「近隣のアジア諸国との間の近現代の歴史的事象の扱いに国際理解と国際協調の見地から必要な配慮がされていること」という近隣諸国条項が設けられた。

（4）「国会」（https://kokkai.ndl.go.jp/txt/109705254X00419821208/4　2021年5月30日閲覧）。

（5）『朝日新聞』1993年8月11日朝刊。

（6）「首相官邸ホームページ」（https://www.kantei.go.jp/jp/topics/2015/150814danwa.pdf　2021年7月11日閲覧）。

（7）「国会」（https://kokkai.ndl.go.jp/txt/118315261X01020130423/27　2021年5月30日閲覧）。

（8）「国会」（https://kokkai.ndl.go.jp/txt/118315261X01820130515/10　2021年5月20日閲覧）。

（9）「国会」（https://kokkai.ndl.go.jp/txt/118315261X01520130508/151　2021年5月20日閲覧）。

（10）原文では、この部分を含め「支那」という語が多用されているが、以下、中国で統一する。

（11）原文の「満洲」が正確な表記ではあるが、本書では以下「満州」で統一した。

（12）ただし、朝鮮は1897年に大韓帝国と国号変更。

（13）司馬は、日露戦争後の日本については「ちゃちな〝帝国主義〟のために国家そのものがほろぶことになる」と厳しく批判した［司馬 1993：46］。

(14)「帝国議会会議録」(https://teikokugikai-i.ndl.go.jp/minutes/api/emp/v1/detailPDF/img/003613242X01019150603 2021年5月30日閲覧)。

(15) 1918年12月15日発行の『日本及日本人』に掲載。1936年刊行の『清談録』(新版は近衛[2015])にも所収。

(16) ワシントン会議開催の直前、1921年11月4日に原敬は暗殺され、ワシントン諸条約は後継の高橋是清内閣の下で締結された。

(17) 南部仏印進駐を知った幣原喜重郎元外相は、近衛首相に「大きな戦争になります」と伝え船の出港を止めるよう求めたが、近衛は驚くばかりだったという[幣原 2007:210]。

(18) スティムソン陸軍長官がハルに伝えた情報だったが、「大船団」は、スティムソンの誤認、過剰反応だった。

(19) 本書第7章2節参照。

(20) 1920年代後半ごろから、中国ナショナリズムの高揚など新しい動向に目を向け、これに共感を寄せる新支那通も登場した。しかし、中国ナショナリズムの目指す方向が、日本の権益保持・増進と矛盾することに気づくと、中国の行動を裏切りととらえるようになった。戸部良一は、新支那通たちが中国の実態を知っていたがゆえに、中国と対抗せざるを得なかったと見る。地方には国民政府の威令が及ばない地域がある、国民政府は蔣介石の独裁に堕しつつあるといった新支那通の分析は、半面の真理をよくつかんでいたが、もう一つの半面を無視してしまったと指摘する[戸部 1999:223―25]。

第2章 帝国の版図

1 植民地とは何か

植民地とは何か。政治学者の三谷太一郎は「特定の国家主権に服属しながらも、本国とは差別され、本国に行われている憲法その他の法律が行われていない領土」〔三谷 2017：144〕と定義している。

これは明治憲法下において、憲法学者の美濃部達吉が「植民地」を、憲法上の「異法区域」「特殊統治区域」と呼んでいたこととも、ほぼ同趣旨の考え方である。美濃部は、台湾、朝鮮、樺太（サハリン島の南半分）、関東州（日本が中国から租借権を得た遼東半島）、南洋（赤道以北の旧ドイツ領ミクロネシア諸島）の5地域を日本の植民地とした。厳密に言えば、関東州は期限付き租借地、南洋は国際連盟が日本に統治を委任した地域ではあるが、美濃部は実質において「領土」と異なることはないとした〔美濃部 1946：124〕。本書では、関東州及び南洋を含め、「特定の国家主権に服属しながらも、本国とは差別され、本国に行われている憲法その他の法律が行われていない場所」と定義したい(1)。

台湾と朝鮮には強大な権限を持つ総督府が設置され、他の3植民地には、それぞれ樺太庁、関東庁、南洋庁が置かれた。台湾総督、朝鮮総督には委任立法が認められ、帝国議会の立法に代わって、命令(台湾では律令、朝鮮では制令)を発布することが出来た。1921年に帝国議会で「法三号」が制定され、台湾には原則として内地の法律が延長施行されることになったが、例外も認められた。樺太、関東州、南洋の各長官は、総督ほど強力な権限、権威を持たず、東京の諸官庁の監督に従った。樺太には委任立法制度が認められず、勅令によって内地の法律が及ぶとされた。準領土ともいうべき関東州と南洋には帝国議会の立法は及ばなかった。5つの植民地から衆議院議員が選出されることもなかった。台湾、朝鮮の原住者に日本国籍は与えられたが、日本の戸籍法の適用は受けない「外地人」とされ、内地に本籍を有する「内地人」と区別された。樺太での日本の戸籍法の適用は、当初は内地からの移籍者に限られたが、最終的には先住民にも適用された。南洋と関東州の原住者には日本国籍は付与されなかったが、国内法上は「外地人」として扱われた。

ヨーロッパには、近代主権国家の成立以前から、「人の移住」という意味での植民の概念があり、植民地(英語の colony)の語源は、ラテン語の colonia(地主によって移住させられた農民の集落)に由来する。16世紀から18世紀にかけての重商主義の時代になると、ヨーロッパ人たちは、富を求めて遠くアジアや南北アメリカ大陸に移住して商業活動を展開、植民地を世界規模に広げていった。19世紀の帝国主義の時代に入ると、植民地獲得競争はさらに攻撃的、収奪的なものとなり、アジア、アフリカの大半の地域が欧米列強の勢力下に入った。レーニンの『帝国主義論』は、資本主義が最高段階を迎え、過剰資本の輸出先として、労働力と原材料コストが安価な地域を確保する必要が帝国主義をもたらしたと説明した。これに対し、経済的要因よりむしろ国家の攻撃的衝動や、ナショナリズム、現地の伝統的政治秩序の崩壊などによって、帝国主義支配が拡張していったとする見方もある。様々な要因が絡み合って植民地は拡大していったと見ることが出来るだろう。

幕末から明治初期にかけての日本は、欧米列強のアジア進出を脅威として受け止めた。欧米を範として近代化を急ぎ、植民地化を免れた明治日本の指導者たちは、憲法制度や工業設備、近代的軍隊などと同様に、植民地の領有は欧米諸国の仲間入りをするために必要な条件と認識した［ピーティー 2012：28］。日本に編入された5つの植民地の歴史的背景、統治機構、位置づけなどは個々に異なるが、欧米の植民地と比べ同化主義が志向されたこと、現地住民の政治参加がほとんど実現しなかったことなど共通している。

なお、満州事変をきっかけに日本が樹立した満州国は、独立国の体裁をとっていたので、植民地ではない。また、第二次大戦中に日本の軍政下に置かれた東南アジアの諸地域は、国際社会から認知されていなかったので、植民地からは除外したい。

本章では、まず5つの植民地のそれぞれの展開について概観したい。その上で、特に台湾と朝鮮に焦点を当てながら、「同化」と「政治参加」を基軸に日本の植民地政策の特色について考察したい。続いて、日本の版図のうち植民地以外の部分（満州国と第二次世界大戦下の東南アジア地域）について概観し、これらの地域の民族独立運動と日本の関わりについて考察したい。

2 「同等」求める運動（台湾）

中国の古書に「蓬莱仙島」と記された台湾は、中国の詩人や墨客が憧れた「海に浮かんだ神の島」であった。うっそうとした原始林の中でマライ・ポリネシア語族の先住民が生活し、日本や中国の海賊が出入りしていた。中国・明王朝の時代に入っても、中央の権力は十分浸透していなかったが、17世紀には、オランダが、続いて明の遺臣の鄭成功[2]が支配し、1684年以降、清の統治が始まった。17世紀半ばの人口は、先住民4万人、漢民族1万と推定されているが、19世紀初めには先住民5万人に対し漢民族は200万人に膨れ上がっていた。人口過剰の福建、広東両省から多くの人々が流入したためだった。

日清戦争（1894—95年）の結果、下関条約により台湾は日本に割譲された。日本にとって最初の植民地であり、事前に具体的なビジョンもなかったため、最初は手探り状態だった。初期の混乱期には住民の組織的抵抗もあったが、第4代総督児玉源太郎の下、民政局長（後に民政長官）に後藤新平が就任すると、本格的な植民地統治が始まる。ドイツで公衆衛生学を学んだ医師でもあった後藤は、台湾を「実験室」とみなし、プラグマティックな方法で三大事業（鉄道、築港、土地調査）と三大専売制（アヘン、樟脳、食塩）を推進した。水力発電事業、ペスト、マラリアなどを予防する公衆衛生制度の確立、旧慣踏査などにも辣腕を振るった。また、アメリカから帰国したばかりの農学者、新渡戸稲造に白羽の矢をたて、総督府に技師として招き入れた。新渡戸は、サトウキビ栽培に優良な外国種を導入、砂糖を台湾の主要産業の一つに育てあげた。

アメリカの歴史家、マーク・ピーティーは、第一次世界大戦が終結する頃までの日本の台湾統治について、「海外でかなり高い評価を受けていた」と指摘している。物質的発展の面で顕著な成功をもたらしたという点では、当時の西洋の植民地と比べても別格で、そのような好印象がなければ、旧ドイツ植民地の南洋の委任統治を日本が引き受けることについて、もっと強い抗議があったに違いないとしている［ピーティー 2012：104―105］。

地域の慣習を一定程度尊重した漸進的な改革が進められる一方、同化政策も少しずつ取り入れられていった。富裕層の子弟のために「公学校」が設けられ、台湾語の漢文と並行して日本語教育が進められた。台湾住民の多くは、独立を志向するより、むしろ日本人として対等な扱いを受けることを求めていった。

1914年には、台湾人の法律上の不平等解消をめざす台湾同化会が発足、会長には、かつての自由民権運動の闘士、板垣退助が台湾側の求めに応じて就任した。同化会の運動は不発に終わったが、さらに1920年代には台湾議会設置請願運動が起きる。台湾の独自性を一定程度維持しつつ、日本人としての権利を要求する運動だった。帝国議会への請願提出は、1921年から34年まで計15回に及んだが、結局受け入れられなかった［小熊 1998：359］。

こうした穏健な請願運動とは別に、1930年に先住民による大規模反乱、霧社事件が起き、先住民約700人、日本側約200人が死亡している。日本側の差別意識、侮辱的言動が背景にあったとされる。

1937年に日中戦争が始まると、総督府は新たな政策として皇民化、工業化、南進基地化を掲げた。

特別志願兵制度（陸軍1942年、海軍1943年）に続いて徴兵制（44年9月）が導入され、日本との一体化はさらに進められた。(3) しかし、台湾人の政治参加はほとんど認められることなく終戦を迎えた。

3　「同化政策」への反発（朝鮮）

日本の明治政府にとって朝鮮半島は、安全保障上、極めて関心の強い地域であったことは第1章で述べた通りである。明治政府は、朝鮮半島がロシアに支配されることを恐れた。日露戦争後、日本は韓国の外交権と軍事権を掌握して保護国化し（第二次日韓協約）、さらに1910年の日韓併合条約調印により、植民地として日本に統合した。

朝鮮の植民地統治は、3つの時期に大別される〔ピーティー 2012：84―85〕。第1期は、武断政治の時代であり、初代朝鮮総督には陸軍大臣の寺内正毅が就任、戒厳令が敷かれ、すべての政治的、社会的組織は解散させられ、集会や言論は封殺された。統治する軍人たちにとって、朝鮮は軍事上の要衝であり、また副次的に日本に対する農産物の供給地、日本の工業製品の消費地として認識された。

大正デモクラシーをリードした政治学者、吉野作造は『中央公論』1916年6月号に「満韓を視察して」と題する論考を掲載、当時の朝鮮統治のあり方に疑問を投げかけている。道路を作るため土地を収用するのにも補償がない。農民に都合も聞かず、労賃も払わず命令した日には出て働けと強要する。朝鮮人が日本の帝国大学を卒業して朝鮮総督府に奉職したとしても、本俸は内地人の3分の1である。下層階級であれ多少教育を受けた識者階級であれ、朝鮮人は現今の日本統治に非常な不平を持っており、日本としてはよほど重大視せねばならぬ問題ではあるまいかと訴えている〔中村 2015：141–48〕。

こうした不満のエネルギーは、1919年の3・1独立運動として爆発した。大規模な示威行動が始まると、朝鮮総督府は弾圧を加え、騒乱は朝鮮全土に広がった。死者数は諸説あるが、数千名とも言われている。これが朝鮮統治のあり方を見直す契機となった。

当時の原敬首相は、穏健派の海軍大将、斎藤実を朝鮮総督として送り込んだ。第2期の始まりである。「日鮮融和」を推進した斎藤総督の統治（1919–27、1929–31在任）は「文化政治」とも呼ばれる。今日の韓国の主要紙でもある「東亜日報」「朝鮮日報」が発行され、政治的問題への論評も許されるようになった。初等教育では朝鮮語も教えられるようになった。「民芸」運動の創始者で美術評論家の柳宗悦《やなぎむねよし》は、朝鮮の陶磁器の美しさに魅了され、京城に朝鮮民族美術館を開設した。経済政策では企業の育成も図られ、京城紡績は総督府と協調しながら事業を拡大、銀行、車両、ガス、水力発電、造船、航空機製造などを手掛ける朝鮮最初の財閥へと成長していった。

1936年8月、第7代朝鮮総督に陸軍大将の南次郎が着任した。翌37年に日中戦争が始まり、南は朝鮮を大陸前線兵站基地と位置付けた。第3期の始まりである。朝鮮人を戦時動員できるよう、皇民化教育をはじめとする「内鮮一体」化を推進した。学校は日本式に統一され、朝鮮語教育は廃止となった。国家総動員法が制定されると、朝鮮人労働者の動員計画がたてられた。「募集」「官斡旋」「徴用」の3段階があった。朝鮮人が日本の軍人になるのは、陸軍士官学校の卒業生で任官された者に限られていたが、1938年に陸軍特別志願兵制度が導入された。1944年には徴兵制も実施された。

父親を家長とする家制度を導入する「創氏改名」も行われた。当時の日本の戸籍簿には家の称号である「氏」が記されていたが、朝鮮人の戸籍簿には、「氏」の代わりに「姓」と「本貫」が記されていた。「姓」は男系の血縁系統を表示するもの、「本貫」はその発祥地名であった。朝鮮の家族制度では、「姓」は結婚しても一生変わらない、同姓同士は結婚しない、同族でない者は養子にしないといった鉄則があった。「創氏改名」により、朝鮮人全員が「氏」を持つことになり、身分登録や社会生活上の呼称は、姓名から氏名に改められた。「姓」「本貫」は、戸籍簿の片隅の「姓及本貫」の欄に記載された。

「創氏」には、氏設定届を提出する「設定創氏」と、届け出がない場合に朝鮮の姓がそのまま氏となる「法定創氏」があった。設定創氏では日本人風の氏にすることが求められた。1940年2月11日から8月10日までの届け出期間中に全朝鮮人戸数の約80%が氏の届け出を行った〔水野 2008：104〕。氏の届け出は任意とされながら、実際には総督府の圧力があったとされる[4]。

創氏改名の目的は何だったのか。朝鮮総督府法務局が1940年2月に発行した「氏制度の解説」には、「氏制度創設の理由」として、①「半島人の要望」、②異姓養子、③家の観念の確立――を挙げている。①については、通称として日本式に名乗っても、肝心な場合には使えないので、堂々と日本式の氏名を使えるようにしてほしいという要望が、中国など外国や日本本土に在住する朝鮮人から挙がっていると説明された。②は、婿養子を迎えることが出来ない朝鮮の制度〔同姓同士の結婚は不可、姓が違えば養子は不可〕の変革が目的だった。③は、昔の朝鮮は大家族制度だったが、父母を中心とした小家族制度の場合、家の称号である氏が必要であるとされた〔宮田・金・梁 1992：228―59〕。

それなら、これまでの姓を氏に用いる法定創氏で問題ないはずだが、なぜ、総督府は設定創氏を強く働きかけたのか。朝鮮近代史研究者の水野直樹は「朝鮮的な家族制度、特に父系血統にもとづく宗族集団の力を弱め、日本的なイエ制度を導入して天皇への忠誠心を植えつけること」が、真のねらいであったと見る［水野 2008：50―53］(5)。朝鮮での徴兵制施行との関連で行われたという指摘もある(6)。

日本側にも疑問の声は上がっていた。朝鮮総督府の元高官らで組織する中央朝鮮協会は、南総督の強圧的な手法が朝鮮人の反発を引き起こし、植民地支配の維持を揺るがすと懸念を示した。また、朝鮮在住の日本人からは、朝鮮人との差異化がなくなることに違和感を示す意見も出された［水野 2008：98：135―39］(7)。南は、あくまで氏の届け出は任意であると突っぱねた。

京城帝大教授だった鈴木武雄は、「末端行政当局によって自己の皇民化行政の成績を誇示する手段として強制されるに及んで、朝鮮人の反感を買うに過ぎない結果となった」との見方を示している［金 1992：67］(8)。

同化政策自体は、沖縄県や米国のハワイ州のような実例もある。しかし、言語、民族、風俗習慣が異なり、歴史的にも日本とは異なる道を歩んできた朝鮮民族に対し、「皇民化」や「創氏改名」を強いた1930年代以降の同化政策は、民族の誇りを傷つける結果となったのである。

4　日本人移住の地（樺太と南洋）

北海道・宗谷岬の北方、約40キロの距離にある樺太は、17世紀後半には松前藩の漁業基地として開拓が進められてきた。日本とロシアのどちらの支配下にあるかは不分明だったが、1875年の樺太・千島交換条約により、日本は樺太を放棄し、樺太全域がロシアに編入され、ロシアの流刑地となった。日露戦争後のポーツマス講和条約により、樺太の南半分（北緯50度以南）は日本領となり、1907年には樺太庁が設けられた。ロシア系住民の多くは、ロシア領に移り、1600人程度の樺太アイヌ人は、政府指定地区に強制移住させられた。政府は日本本土からの移住を奨励し、日本人が社会の多数派を形成した。豊富な漁業資源、森林、石炭などの鉱物資源が注目され、パルプ生産の一大拠点となった。1942年には拓務省から内務省の指揮下に移る形で「内地編入」された。

南洋は太平洋の西部、ミクロネシアと呼ばれる地域とほぼ重なる。15世紀にスペイン人が来航し、19世紀にはマリアナ諸島などの領有権を宣言していたが、1899年にドイツに売却した（米領のグアムを除く）。1914年、第一次世界大戦が始まると、日本はドイツに宣戦布告、南洋を攻略して軍政を敷いた。パリ講和会議を経て、国際連盟委任統治の受任国として日本が実質支配することになった。委任統治には、ABCの3クラスが設けられることになったが、南洋はCクラスに該当するとされた。「人口が希薄、もしくは面積が狭小、もしくは文明の中心から遠く離れているため、受任国の国法の下で施政を行うのが最善」とされる地域だった［ピーティー 2012：79］。

米西戦争（1898年）を契機に、ハワイ、フィリピン、グアムなどがアメリカの統治下に入り、米本国とフィリピンを結ぶ線を遮るミクロネシアの戦略的重要性は、日米双方の海軍によって認識されるようになっていた。アメリカの主張がいれられ、南洋は非軍事化された。さらにワシントン海軍軍縮条約により、ハワイ以西の太平洋地域のすべての島で軍事施設の設置を凍結すると決められたので、日米平等に、基地建設は出来なくなった。

南洋は5つの植民地の中で唯一、日本人の植民先として良好な条件を備えていた。特に沖縄出身者が多く、南洋興発会社（南興）などに雇用される契約農民としてサトウキビ畑を耕し、やがて自作農や貿易商になっていった。南洋ではミクロネシア人の労働力はほとんど用いず、日本人労働者によって経済成長した。

日本政府は初等学校を作り、公衆衛生を整備し、医療整備を拡大し、連絡船を運行させた。しかし、国際連盟の委任統治に関する規約が要求する島民の社会的進歩を進めることは、ほとんど何もしなかった。学校は日本人と区別され、低レベルの教育しか受けられなかった。島民はナショナリズムに欠け、日本統治に批判の声を上げることもなかった。日本人の人口は1935年には5万人となり、南洋の島民の人口を上回った。島民の中でも裕福なエリート層は、やがて和服を着て、日本風の邸宅に住み、日本の役所で働き、また日本人と結婚した。1930年代、南洋を舞台に活躍する日本人ヒーローを主人公とした漫画『冒険ダン吉』（講談社『少年倶楽部』、1933年6月–39年7月）も、『のらくろ』と並んで人気を集めた。漂流して熱帯の島にたどり着き、「土人」たちを打ち負かし、王として君臨する物語だ。当時の日本人の南洋へのまなざしが透けて見える。

日本は満州事変後の1933年3月、国際連盟脱退を表明、2年後に発効したが、国際連盟の委任統治は継続された。日本海軍にとって南洋は「海の生命線」とも呼ばれ、返還は到底考えられなかった。国際法上の解釈にも定説はなく、連盟加盟国は日本が引き続き受任することに異議を唱えなかった［等松 2011：94–96］。ルーズベルト米大統領は太平洋諸島の中立化案を提唱したが、議論は停滞したまま、37年には日中戦争が始まる。

1940年9月、日独伊三国軍事同盟が締結される際には、日独間で南洋群島譲渡に関する書簡が秘密裡に交わされた。日本帝国の委任統治下にある南洋の旧ドイツ植民地が日本の統治下に残ることにドイツ政府は同意する（事実上譲渡する）という内容だった。日本海軍は、国際連盟規約や委任統治条項から解放されたとし、南洋に軍事施設の建設を始める［等松 2011：163—68］。日米開戦後、この地は悲惨な戦場となっていった。

5　満州利権の出発点（関東州）

1905年、日露戦争後に締結されたポーツマス条約には、ロシアが持っていた中国・遼東半島の租借権、及びロシアが敷設した東清鉄道南満州支線（長春—旅順間）付属地の租借権の日本への譲渡が盛り込まれた。遼東半島租借地は関東州と呼ばれ、関東総督（後に関東都督を経て関東庁長官）の統治下に置かれた。1923年までだった租借期限は、1915年の北京条約によって1997年にまで延長された。

満州経営を担う国策会社として、南満州鉄道株式会社（本社・大連、略称・満鉄）が、イギリスの東インド会社を参考にして設立された。初代総裁には台湾総督府民政長官だった後藤新平が就任し、1907年4月に営業が開始された。鉄道営業のほか、撫順、煙台の鉱業採掘、満鉄付属地の開発などを行った。満鉄付属地とは、線路に沿った幅約62メートルの土地で、治外法権が認められた。満鉄付属地にはホテルや病院が建設された。租借地や満鉄付属地の狭い土地に日本人社会が形成されていた。昭和初期の満州に住む日本人は約20万人で、その半数は満鉄社員と関東庁官吏、およびその家族だった。

満鉄については、鉄道線守備のため1キロにつき15名を超えない範囲で守備兵を置くことがポーツマス条約の追加約款で認められた。この鉄道守備兵及び関東州に駐留する軍隊が、関東軍の前身であり、現地の総督（都督）の指揮下に置かれた。1919年に関東都督府が廃止されて、都督に代わる関東庁長官には文官が充てられた。鉄道守備隊は関東軍として再編成されたが、関東庁長官のコントロールは受けず、参謀総長の指示にのみ従うこととなり、独走する素地が作られていく。なお、満鉄付属地は1937年12月、神社、学校、軍事施設を除いて満州国に移譲された。

関東州の後背地の満州が満鉄によって外国市場に開放されたことで、物資の大集散地・大連港は発展、この地域の経済活動は安定した。現地の大多数の中国人は日本に対して従順で、良好な治安と安定した生活を求めて軍閥抗争の続く中国本土から逃れてくる人々もいたという［ピーティー 2012：277］。

6　同化政策と政治参加

世界の植民地統治の方法には、2つのタイプがあった。本国と区別して現地の自主性を尊重する旧慣尊重型（イギリス型）と、本国の一地方として住民に同化を求める同化主義（フランス型）である。もっとも、アルジェリア統治に苦慮したフランスは20世紀に入ると同化主義を修正し、現地の慣習を温存しつつ漸進的改革を行う協同主義に転換していった。「同化」が実現したのは、むしろアメリカのハワイ併合や明治日本の琉球王国編入であろう。

日本の植民地統治は、教育や忠誠心の育成という面で同化主義を志向するものであった。ただし、完全に内地編入された沖縄とは異なり、政府は原住者に本国国民と同じ諸権利を付与することに消極的で、

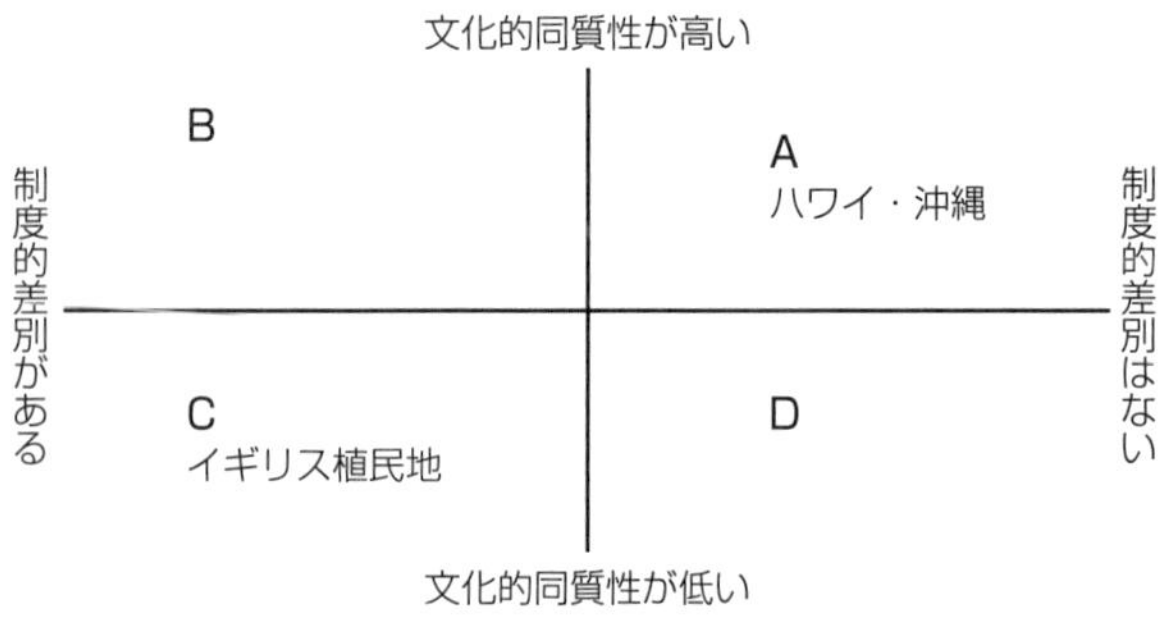

図2-1　同化と差別を軸とした分類

（出所）筆者作成.

日本人居住者を含め、参政権は付与されなかった。

以下、図2-1のような座標軸を用いて整理してみたい。縦軸は文化的同質性、横軸は制度的平等度（住民に対する諸権利付与など）を示している。Aは本国とほぼ同じ状態、Bは文化的同化政策が進む一方、制度的差別のある状態、Cは文化的にも制度的にも本国とは異なる状態、Dは文化の独自性が保たれ、自治が認められている状態（多元主義）を指す。具体例として、Aは本国に編入されて一定期間が経た後のハワイや沖縄があてはまる。同化政策によってCからB（将来的にはA？）へ移行しようとしていたのが台湾や朝鮮であった。Cはインドのような英植民地が挙げられよう。カナダやオーストラリアなどの自治領植民地も、原住者を排除した植民者のみの自治なので、Cタイプに分類したい。Dタイプは、当時ほとんど存在しなかった。先に触れた台湾議会設置請願運動は、Dタイプを目指したが挫折した(9)。

20世紀初頭の植民地政策学は、アルジェリアの失敗などを踏まえ、イギリス型（C）を支持する考えが主流だった。日本が台湾を獲得した当時、司法省のイギリス人顧問、ウィリアム・カークウッドは、本国から総督が派遣されたインドを念頭に置きながら、イギリス型の統治を提言した。初期の植民地統治の要となった後藤新平自身、現地の実態に合った漸進的な改革を目指し、急激な同化政策には否定的だった。

しかし、日本は同化政策の方向に舵を切った。第一に、台湾も朝鮮も日本と地理的に近く、交通・通信の発達によって往来は容易なこと、人種的な差異も僅少であることが挙げられる。その際に、「一視同仁」[10]が、しばしば理念として掲げられ、天皇の恩恵としても強調された。第二に、安全保障上の観点に立てば、本国に忠誠を尽くす「国民」を育成することが望ましかった。第三に、原敬の「内地延長論」のように、総督府の独自の権限を弱め、植民地を帝国議会のコントロール下に置くべきだという主張に立てば、同化は方向性として理屈に合っていた。第四に、琉球王国の編入が前例としてイメージもされた。

とは言え、文化や生活スタイル、風俗習慣が日本とは著しく異なる現地の実情を踏まえれば、同化政策は容易ではなかった。結局、イギリスのように総督を派遣して本国とは別の制度を作りながら、日本語教育などを通じた同化政策を一定程度進めていく折衷路線に落ち着いた。台湾領有の15年後、1910年に始まった朝鮮統治でも、ほぼ同じ方針が採用された。1918年に「内地延長論」を唱える原敬が首相に就任したが、総督府の特権に一定の制約を加えただけで、植民地原住者に対する制度的同化はほとんど進まなかった。

1930年代後半、日中戦争が始まると、皇民化政策が採用され、文化的同化政策は強化された。政治制度的な同化政策としては、部分的な参政権の付与が検討されるようになる。第一の理由としては、台湾、朝鮮での徴兵制導入に伴い、朝鮮を中心に原住者の参政権要求が高まっていたことが挙げられる。

第二に、1943年の米英中首脳によるカイロ宣言で、連合国の政策として朝鮮独立と台湾の中国返還がうたわれ、対応を余儀なくされていたことも大きい。第三に、総力戦体制が進む中で、総督府の発言力が低下し、原住者に帝国議会の選挙権を与えるといった改革に、総督府も強く抵抗できなくなってきたことが挙げられる［小熊 1998：435―40］。衆議院は、朝鮮から23議席、台湾から5議席を割り当て、また貴族院は総督が推薦する者から朝鮮7名、台湾3名が勅撰されることになり、1945年4月に公布（貴族院は同時施行）された［小熊 1998：454―455］。しかし、改正衆議院議員選挙法は施行されないまま終戦を迎え廃止された。少なくとも名簿上存在していた朝鮮、台湾出身の貴族院議員も消滅した。[11]

結局、台湾においても朝鮮においても、文化的同化政策は強力に進められたが、制度的同化政策は不十分なままに終わった。中国の中心から遠く離れ「化外の地」とも呼ばれた台湾の場合、中国との一体感はそれほど強くなかった。戦後、台湾総統に就任した李登輝[12]に象徴されるような、日本人であったことを誇りとする世代も育っていった。しかし、古代から日本と対等の立場、あるいは文化的にはより優位の立場を自負してきた朝鮮の人々に対する同化政策は、民族の誇りを傷つけ、とりわけ強い反発を招くことになった。この点が日本の植民地統治の最大の失敗であった。

7　キメラ（満州国）

1931年9月18日、関東軍が満鉄線を爆破、中国軍の仕業だと主張し、政府方針に反して満州を制圧、翌年3月には満州国が建国されたことは先に述べた。清朝最後の皇帝、愛新覚羅溥儀が執政に担がれた。

面積は日本本土の3・4倍の130万平方キロメートル、吉林省、黒竜江省、奉天省、熱河省が置かれ、吉林省の長春を新京と改称して首都とした。人口3000万人、漢民族、満州族、モンゴル族、日本人、朝鮮人の5民族の協調が「五族協和」としてうたわれた。

政府組織法は、「立法院の翼賛によって執政が立法を行う」としていたが、結局、議会は開設されなかった。国を実質的に動かしたのは日本人官僚だった。1932年3月6日に関東軍が溥儀に署名させた秘密協定[13]には、満州国参議や中央・地方の役人に日本人も任用し、その選任・解職には関東軍司令官の推薦・同意が必要とする密約が盛り込まれていた［山室 1999：163―164］。

1934年3月には、共和政から帝政に移行し、溥儀の地位は「執政」から「皇帝」にかわった。国務院総理には、かつて清朝復活運動に携わった鄭孝胥が就任したが、政府では孤立し、閣議では一言も発言しなかった。行政の実権は、日本政府から派遣された日本人官僚が握っていた。国籍法は制定されず、彼らは日本国籍のまま満州の官吏になることが出来た。

山室信一は、満州国の肖像をギリシャ神話の怪物の「キメラ」になぞらえた［山室 1999：16］。頭が獅子（満州国）、胴が羊（天皇制国家）、尾が龍（中国皇帝及び近代中国）という怪物である。

日本の急進的な軍人たちは、資源の豊富な満州を完全に支配下に置いて自給自足圏を確保することが近代の総力戦を勝ち抜くために必要と考えていた。満州事変首謀者の石原莞爾は日本とアメリカが対決する「世界最終戦争」を想定していた。

日本軍の731部隊の拠点が置かれ、秘かに生物兵器の研究、開発が行われ、抗日運動を理由に捕らえられた中国人に対する人体実験も行われた。

満州の現地の実力者は、満州国の政権樹立に協力した。①日露戦争以後の日本の実力を熟知していた、②満州に対する地域的アイデンティティーがあり、中国と統合をめざす張学良に対する反感があった、③ソ連の東方進出の脅威に対抗する上で日本は有力なパートナーであった、ことなどが指摘されている〔山室 1999：72〕。

一方、日本が創設し育てた満州国軍の一翼を担ったモンゴル族は、モンゴル独立の夢を日本との共闘に託した。満州事変勃発当時、モンゴル族はモンゴル高原の北半分の地にソ連の支援で建国されたモンゴル人民共和国と、南半分の中国統治下の地域に分かれていた。中国統治下から分離された満州のモンゴル族は、いずれ中国支配地域に残されたモンゴル族も糾合して、統一国家を樹立することを目指した。(14) 独立を目指すモンゴル族と日本との関係は、次に述べる東南アジアのビルマやインドネシアと日本との関係と重なる。

8 大東亜共同宣言と「アジアの解放」

日本軍は日米開戦とほぼ同時に、英米蘭の植民地だった東南アジアを攻略し、占領後、軍政を敷いた。フィリピンとビルマについては、日本との共同防衛や外交・経済における緊密な関係を維持することを条件にやがて独立を認めた。ただし、日本側は議会主導型の政治運営を警戒し、立法権を制約した「満州国」型の統治方式が採用された。フィリピンは、宗主国のアメリカから既に独立を約束されており、また日本の植民地とするには負担も大きいと考えられた。ビルマも民心の協力を得る上で独立付与は有効と考えられた。インドネシアについては、日本にとって重要な資源の供給地であるため、対象から外された。

1943年11月、東京にフィリピンやビルマ、満州国など親日派のアジア諸国代表が集まり大東亜会議が開催され、大東亜共同宣言が発表された(15)。共同宣言は、米英両国が大東亜に対して侵略、搾取を行ったことが大東亜戦争の原因であるとし、大東亜各国は相提携して、大東亜を米英の桎梏より解放して自存自衛を全うし、世界平和の確立に寄与することをうたいあげた。日本は東南アジアの解放に貢献したのだろうか。

そもそも日本の南方支配の目的は、ABCD包囲網で資源の輸入が困難な状況の中で、石油をはじめとする資源を確保することにあった。一方で、陸軍情報局は1941年12月12日、「大東亜戦争と称するは、大東亜新秩序建設を目的とする戦争なることを意味する」と発表した［防衛庁防衛研修所戦史室1970：192］。アジアに新しい秩序を建設するという政治的意味合いも込められたのである。この論理に立てば、欧米支配とは異なる支配の正当性根拠を示すような政治が求められることにもなろう。中野聡は前者を「資源の戦争」のリアリズム、後者を「聖戦」（または「戦争の政治」）と位置付け、日本の東南アジア支配は、この2つの論理の相克の中で揺れ動いたと指摘している［中野2012：54，69］。

日本の東南アジア占領は、東南アジア地域の民族独立に結果的に寄与した面もあったが、あくまで日本の国益に従って行動したのであって、民族独立を第一の目的として戦ったわけではない。民族独立運動との関係も複雑であった。以下、地域別に見ていきたい。

フィリピン

フィリピンは16世紀からスペインの植民地となっていたが、1898年の米西戦争の結果、アメリカの植民地になった。1899年から1902年にかけて独立革命（米比戦争）が起きたがアメリカによって平定された。しかし、米国内には植民地放棄論もあり、将来の独立付与を前提にフィリピン人による自治が進められていった。1934年には、将来の独立（1946年）が決まり、翌35年には自治政府（コモンウェルス）が結成され、マヌエル・ケソンが大統領に選出された。

日本軍のフィリピン侵攻が始まると、ケソンはアメリカに逃れ亡命政権を樹立した。日本軍は、残ったケソン政権の親米派エリートたちに対日協力を求め、将来の独立を約束した。しかし、ケソンと途中まで行動を共にした最高裁長官、ホセ・アバド・サントスが処刑されると、親米派エリートたちに大きな衝撃を与えた。

1943年9月、フィリピン独立準備委員会は、ホセ・パシアノ・ラウレルを大統領に指名した。上院議員、最高裁判事などを務めたラウレルは、東京帝国大学の法学博士の学位を取得、次男（ホセ・S・ラウレル3世）を陸軍士官学校に入学させる知日派でもあった。しかし、日本から度々求められた対英米宣戦布告の要請には応じず、44年9月に「米英との交戦状態」を宣言したが、後に「宣戦布告ではなかった」と弁明する余地を残した。大東亜会議では「大東亜共栄圏は、これを形成する、ある一国の利益のために建設せらるるものではない」と述べ暗に日本を牽制した［深田 2004：94］。

１９４４年10月、アメリカ軍はレイテ島に上陸して反撃を開始、住民は戦争に巻き込まれ、日本軍による住民虐殺事件も相次いだ。日本側の要請を受け、ラウレルはフィリピンを脱出、日本の疎開先の奈良ホテルで終戦を迎えた。１９４６年7月、フィリピンはアメリカから独立した。ラウレルは巣鴨拘置所に収容された後、フィリピンに送られ人民裁判にかけられたが、無罪をかちとった。

ビルマ（ミャンマー）

19世紀にイギリス領となったビルマは、段階的に自治が進められ、１９３７年施行のビルマ統治法には、総督が国会議員の中から指名した首相による責任内閣制度が盛り込まれた。初代首相にはバ・モオが就任した。

ビルマの中間層エリートは、対英協力を通じて自治を獲得しようとするビルマ人団体総評議会（ＧＣＢＡ）系と、反英独立運動を展開するタキン党に分かれ、対立していた。日本軍の鈴木敬司大佐がタキン党の指導者、アウン・サンと接触、日本軍によるビルマ独立運動の支援を持ちかけた。鈴木をトップとする謀略機関、南機関の指導の下、アウン・サンを含む約30人の青年が中国・海南島で軍事訓練を受けた。イギリスが中国の蔣介石に軍事物資を運ぶ援蔣ビルマ・ルートの遮断が目的だったが、鈴木個人は独立運動に共感を寄せていた〔根本　１９９６：１０３―１０６〕。日米開戦後、鈴木の指導の下でビルマ独立義勇軍（ＢＩＡ）が組織され、日本軍と共にビルマに進軍した。日本軍は解放者として歓迎され、１９４３年8月には独立が宣言され、バ・モオが首相に就任した。しかし、経済の悪化が人々の日常生活を圧迫し、日本軍将兵の乱暴なふるまいが不興をかった。理解者の鈴木は日本に戻され、南機関は解散させられた。バ・モオは東条首相に日本軍の占領政策への苦情を述べ立てた。やがて、アウン・サンのビルマ国軍、ビルマ共産党、人民革命党の3者によるパサパラ（反ファシスト人民自由連盟）が秘かに結成され、アウン・サンが議長に就任する。バ・モオは、こうした動きが日本側に伝わらないよう側面協力した。イギリス軍が迫る中、1945年3月27日、アウン・サン国防大臣の下で、ビルマ軍は抗日蜂起し、退却する日本軍に対する攻撃を始めた。パサパラは、連合国に全面的に従った。5月2日、イギリス軍はラングーンを占領した。1948年1月、ビルマは独立を達成した。日本軍による中国侵略の話を聞いていたアウン・サンは当初、日本軍との提携に躊躇し、やがて日本と対決姿勢を打ち出したが、南機関の鈴木大佐とは強い絆で結ばれていたという。

オランダ領東インド（インドネシア）

オランダ軍をインドネシアから追い出した日本は、同地が豊富な資源の日本に対する供給基地でもあったため独立を認めようとしなかった。大戦末期にようやく独立が認められ、その後、戻ってきたオランダとインドネシアとの間で独立戦争が戦われ、独立が達成された。日本による占領が、インドネシア独立の契機となった。

オランダ統治時代に拘束されていた民族主義者のスカルノやモハマッド・ハッタらは、日本軍によって釈放された。スカルノは、戦争終結後は自由に行動するという条件の下、日本軍への協力を申し入れ、中央参議院議長に就任、インドネシア人の行政機構への参画が本格化していった。PETAと呼ばれる郷土防衛義勇軍も結成された。しかし、1943年初頭、ビルマ、フィリピンの独立を認める方針を東条首相が表明したときに、インドネシアは除外されたため、スカルノらは落胆する。インドネシアの石油、天然ゴムなど資源を確保したかったためである。大東亜会議にもインドネシア代表は招かれなかった。

大東亜会議後、東条はスカルノとハッタを日本に招待して歓待した。昭和天皇にも拝謁したが、その時に天皇が、慣例を破り、突然手を差し出してスカルノと握手したことが二人を感激させたという。1944年9月、小磯首相は声明を発表し、インドネシア独立を約束する。45年2月には、なかなか約束が実行されないことへの不満をつのらせた義勇軍の一部が反日武装蜂起をしたが、鎮圧されている。日本の最高戦争指導会議は、兵站基地の維持を目的に独立させることを決め、8月11日、サイゴンの南方軍総司令部でスカルノ、ハッタらに独立命令の下達式を行った。8月17日、ジャカルタのスカルノ邸でインドネシア共和国の独立が宣言され、スカルノが大統領、ハッタが副大統領に就任した。この後、オランダ軍が上陸して独立戦争が始まる。日本軍は義勇軍の解散と武器回収を決めたが、インドネシア側からは武器引き渡しを求められた。日本軍は拒み、多くの場合戦闘となったが、日本軍の武器の半分はインドネシア側に渡った。約300人の日本兵は、インドネシア側についてオランダ軍と戦った。1949年12月、オランダは支配地域全域をインドネシアに引き渡すことを決めた。

日本は東南アジアを解放するために戦争を始めたわけではない。しかし、アメリカに独立を約束されていたフィリピンは別として、ビルマ、インドネシアの独立のきっかけとなった。大東亜宣言は、1941年の大西洋憲章が民族独立の理念を掲げたことに、対抗する意味合いもあった［波多野

1996：193―194]。日本と英米が、植民地解放という点で、その正当性を競い合ったと見ることもできる。大東亜会議は、重光葵外相が、東条英機首相の支持を得て主導した。海軍や参謀は「資源のリアリズム」の立場から、独立付与に消極的であったが、重光は戦後も視野に「日本の弁明」の手段として、東南アジアの解放を意識していたともみられる[16]。大東亜共同宣言には、様々な限界があったが、東南アジアの民族独立の触媒になったことは確かだろう。

注

（1）朝鮮史研究者の木村幹は、植民地について「宗主国本国とは異なる法律が適用されている「場所」のことであり、とりわけその法律の相違により、現地住民の有する権利義務関係が本国のそれよりも劣る状態になっている地域のことなのである」[木村 2019：245]と定義した。本書でも「場所」を用いたい。

（2）海賊の父と日本人の母の間に生まれたとされる鄭成功（国姓爺、日本では国性爺）の伝説は、近松門左衛門の「国性爺合戦」として日本でも広く知られている。

（3）1940年2月には、朝鮮の「創氏改名」に相当する「改姓名」が実施された。「国語常用の家庭」であることなどの条件が満たされる場合に限り、日本人風の姓名に改めることを許可するものだった。1943年までに実施されたのは1万7000件で、全戸数の約2％にとどまった[水野 2008：201―203]。

（4）学校で児童生徒を通じて保護者に働きかけるという方法がしばしばとられた。「子どもたちをブラックリストに載せるようなことはしたくない」と、創氏を届け出た有力者もいた[水野 2008：90：175]。届け出をしなかった朝鮮人知事は更迭された[水野 2008：177]。

（5）水野によると、朝鮮総督南次郎も「血族中心主義から脱却して、国家中心の観念を培養し、天皇を中心とする国体の本義に徹せしめる趣旨」と説明したという。

（6）帝国議会での質疑応答を想定した1945年3月6日付けの内務省機密文書は、「創氏」について、「内鮮融合一体ノ上ニ好結果ヲ齎シツツアリト信ズ」とし、「殊ニ徴兵制度実施セラレタル今日」において「若シ現在軍隊中ニ金某、李某等混リタリトセバニ思ヒヲ致サバ、其利弊又自ラ明カナルモノアリ」とある。帝国軍人たる者は、日本名でなければという本音の現れであろうか［宮田 1992：39−40］。

（7）差異化の関連でいえば、総督府は姓・本貫に由来する氏（例えば金に由来する金本）とすることも推奨した。また、名（ファーストネーム）を日本人風に改める「改名」について総督府は消極的で、裁判所の許可が必要とされ、朝鮮人人口の約10％にとどまった［水野 2008：11：146：153］。

（8）なお、創氏改名をテーマとした小説として、梶山季之の「族譜」［梶山 2012］がよく知られている。実話を素材にしたものだが、創氏改名によって「族譜」（宗族集団の私的文書）の記載が直ちに変わってしまうかのような印象を与え、制度の紹介が不正確と指摘されている［水野 2008：183］。

（9）小熊［1998］の議論をヒントに、ABCD類型としてまとめた。

（10）どれも一つのものと見て、どれも同じくらいいつくしむの意味。中国・唐の時代の文人、韓愈の「原人」に「聖人は一視にして同仁」に由来する。

（11）このほか、樺太からも3議席が割り当てられることになった。

（12）1923年台湾生まれ。日本式の教育を受け、京都帝大在学中に陸軍に入隊、少尉で終戦を迎えた。戦後は、台湾で農業経済学の専門家として活躍した。新渡戸稲造や八田與一（台湾総督府土木局に勤務し烏山頭ダムなどを建設）を尊敬し、新渡戸の著書『武士道』に関する著作もある。台湾総統として「新しい国造り」を推し進めていくうえで、武士道の徳目は大きな心の支えとなったとも述べている［李 2003：19］。

（13）溥儀から関東軍司令官への書簡の形をとった。

（14）詳細は、楊［2015］参照。

（15）このほか、タイ殿下のワンワイタヤコーン、中華民国（汪兆銘政権）院長の汪兆銘、自由インド仮政府首班のスバス・チャンドラ・ボースが参集した。

（16）　戦争終末期に外務省で作成されたとみられる文書には、日本がインドネシアの独立促進を図って日本の立場を明らかにしておくならば、たとえ敗北しても、勝利の半ばは我に存するという趣旨の内容が記されている。波多野澄雄は、これらの史料を根拠に重光や重光を支えた外務官僚のうちに、日本の「言い分」を「歴史に弁明させようとの計算」が働くようになったと主張する［波多野　1996：209：239］。

第3章 東京裁判

1 「勝者の裁き」か

極東国際軍事裁判（以下、東京裁判と略す）は、第二次世界大戦後、アメリカなどの連合国が日本の戦争指導者を戦争犯罪人として裁いた戦犯裁判である。

東条英機・元首相ら7名が絞首刑となったほか、16名に終身禁錮、2名に有期刑（禁固20年と禁固7年）がそれぞれ言い渡された（表3-1）。

東京裁判をめぐっては、その評価が大きく分かれている。

例えば『世界がさばく東京裁判』（明成社、2005年）という書籍がある。青山学院大学名誉教授、佐藤和男の監修によるもので、東京裁判を批判する世界の85人の識者の声を集め紹介してある。その序で、初代国連大使の加瀬俊一は、この裁判を「勝者の敗者に対する一方的断罪」「歴史の偽造」と厳しく批判している。

表3-1　東京裁判の被告

氏名	判決	主な前職	靖国神社	備　　考
荒木貞夫	終身禁固	陸軍大将		
土肥原 賢二	絞首刑	陸軍大将	合祀	
橋本 欣五郎	終身禁固	陸軍大佐		
畑 俊六	終身禁固	陸軍元帥		
平沼 騏一郎	終身禁固	首相	合祀	釈放前に病死
広田 弘毅	絞首刑	首相	合祀	
星野 直樹	終身禁固	内閣書記官長		
板垣 征四郎	絞首刑	陸軍大将	合祀	
賀屋 興宣	終身禁固	蔵相		戦後、法相に
木戸　幸一	終身禁固	内大臣		
木村 兵太郎	絞首刑	陸軍大将	合祀	
小磯 国昭	終身禁固	首相	合祀	釈放前に病死
松井 石根	絞首刑	陸軍大将	合祀	
南 次郎	終身禁固	陸軍大将		
武藤 章	絞首刑	陸軍中将	合祀	
岡 敬純	終身禁固	海軍中将		
大島 浩	終身禁固	陸軍中将		
佐藤 賢了	終身禁固	陸軍中将		
重光 葵	禁固7年	外相		戦後、外相に
島田 繁太郎	終身禁固	海軍大将		
白鳥 敏夫	終身禁固	駐伊大使	合祀	釈放前に病死
鈴木 貞一	終身禁固	陸軍中将		
東郷 茂徳	禁固20年	外相	合祀	釈放前に病死
東条 英機	絞首刑	首相	合祀	
梅津 美治郎	終身禁固	陸軍大将	合祀	釈放前に病死
松岡 洋右	判決前に病死	外相	合祀	
永野 修身	判決前に病死	海軍元帥	合祀	
大川 周明	精神障害で審理除外	国家主義運動家		

（出所）筆者作成.

裁判官も検察官も戦勝国代表で構成されている。その中にはソ連の裁判官、検察官も含まれている。日ソ中立条約に違反して満州に侵攻し、虐殺略奪をほしいままにしたソ連に日本を裁く資格は皆無である。アメリカが日本の66都市を無差別爆撃して40万人の非戦闘員を殺戮し、原爆を投下したのも国際法違反だが、これも問われていない。「平和に対する罪」で戦争指導者を裁いた東京裁判は「法律なければ犯罪なし」という法の原則にも反している。さらに日本弁護団が用意した全8巻にも及ぶ膨大な資料は、裁判では却下された［加瀬 2005：1—2］。

このような東京裁判批判の支柱となってきたのが、11人の裁判官の中で唯一、全員無罪を言い渡したインドのパル判事の意見書である。やはり被告5名を無罪としたオランダのレーリンク判事の意見書も、東京裁判批判派から注目されてきた。

これに対し、東京裁判に問題があることは認めつつ、全体としては肯定的に評価する考え方がある。例えば、国際法学者の大沼保昭は、東京裁判とニュルンベルク裁判について以下のように論じる。

南京虐殺やホロコーストの事実を詳細な証拠をもって知ることができた。この2つの裁判が先例となって国際刑事法が発展し、旧ユーゴ内戦やルワンダの虐殺が国際戦犯法廷で裁かれた。戦勝国も敗戦国も公平に裁かれるべきだというのは、そのとおりだ。しかし、戦勝国の国民感情は峻烈で、「人間の業《わざ》」として公平な裁判はできなかっただろう。即決処刑が主張される中で、裁判は「より害悪の少ない悪」であった。日本の戦争が違法な侵略戦争であったこと、日本軍による残虐行為があったことは、国際社会の共通の認識であり、これを「東京裁判史観」と否定するなら、日本は世界から孤立してしまう［大沼 2015：29—32］。

東京裁判が抱える問題点を踏まえた上で、裁判を全体としてどのように評価するかが問われる。東京裁判をめぐる論点は多岐にわたるが、本章では以下の3点に絞りたい。第一に、なぜ東京裁判が行われることになったのか（連合国側に他の選択肢はなかったのか）について考察する。第二に、「平和に対する罪」が「法律なければ犯罪なし」という法原則に反するという問題について考察する。最後に、これらの点を踏まえて東京裁判全体をどのように評価すべきかについて論じたい。

2　なぜ東京裁判は行われたのか

1945年7月26日、連合国は日本に対しポツダム宣言を発し、日本に降伏を呼びかけた。宣言第10項には、降伏の条件として「吾等の俘虜を虐待せる者を含む一切の戦争犯罪人に対しては、厳重なる処罰を加へらるべし」[小田・石本編 2003：780][1]と記されていた。日本政府は、この降伏文書に調印しポツダム宣言を受諾した。つまり日本は、敗戦国として戦犯裁判を受け入れたということである[2]。

当時、捕虜虐待や占領地住民の殺傷、防守されていない都市の破壊などが「通例の戦争犯罪」として処罰の対象と考えられていた。当時の国際法としては、「陸戦の法規慣例に関する条約」（ハーグ陸戦協定ともいう、1899年締結、1907年改訂）、同条約を発展させた「捕虜の待遇に関するジュネーブ条約」（1929年締結）があった。日本はハーグ陸戦協定を批准、29年のジュネーブ条約は批准しなかったが、日米開戦直後、連合軍捕虜に同条約を「準用する」と約束していた。ポツダム宣言を受諾した日本政府は、こうした「通例の戦争犯罪」が裁判の対象となることを当然意識したものとみられる。

しかし、連合国側は「戦争犯罪」をより広い意味でとらえていた。1928年に締結された不戦条約には、「国家ノ政策ノ手段トシテノ戦争ヲ抛棄スルコト」［鹿島 2013b：22］が明記されていた。1930年代に入り、ナチス・ドイツが台頭して第二次世界大戦が勃発、侵略と蛮行が繰り返されると、1941年10月25日、チャーチル英首相はナチ非難声明を発表し、ドイツの犯罪に対する応報を、戦争の主要目的の一つに据えることを宣言した［日暮 2002：55―56］。不戦条約を根拠に、侵略戦争それ自体が犯罪（「平和に対する罪」）であるという議論が力を得ていった。また、「通例の戦争犯罪」では対象となりにくいドイツ国内での政治的、人種的、宗教的理由による迫害については、「人道に対する罪」で処罰する方針が打ち出される。

矛先は、ドイツの同盟国、日本にも向けられ、米英中の3か国による1943年のカイロ宣言は「日本国ノ侵略ヲ制止シ且之ヲ罰スル為今次ノ戦争ヲ為シツツアルモノナリ」と表明した［鹿島 2013a：426］。これが後に東京裁判の根拠の一つとされたのである。

連合国内には、裁判を行わずに、即刻処刑すべきだという議論もあった。米政府内では1944年秋、ドイツに対する峻厳な処罰を求めるモーゲンソー財務長官が即刻処刑を主張、これに対しスティムソン陸軍長官が、報復的な即決処刑は道義に反すると反論し、法と正義に基づく「文明」的方法として「戦犯裁判」の実施を主張した。ルーズベルト大統領は、スティムソンを支持し、裁判実施の方針が確立されていく。これが、日本にも適用された。もっとも、連合国軍最高司令官のマッカーサーは、国際法廷に不満で、東条英機元首相らを真珠湾攻撃の首謀者として米国単独のスピード裁判で裁くことを望んでいたが、米政府方針を覆すことは出来なかった。

法の裁きである以上、「公平性」が求められる。敗者の戦争犯罪だけを裁くのであれば当然、疑問が残る。ヨーロッパからアメリカに逃れたユダヤ系の法学者のハンス・ケルゼンは、1943年発表の論文で、戦争犯罪人の処罰は報復欲を満足させるのではなく、国際正義のなす行為であるべきだとして、戦勝国、敗戦国の両方を含む独立公平な国際裁判所が必要だと訴えた。戦後、ニュルンベルク裁判所憲章の処罰規定を国連加盟国全体に適用すべきであったとも論じている。ケルゼンは、アメリカの陸軍法務総監の戦争犯罪局に協力するなどし、持論を政治に反映させようとしたが、その大半は採用されなかった［日暮 2002：133―35］。

そもそも、勝利にわく戦勝国が、原爆投下を自らの戦争犯罪として自省し、法廷に晒すことなど現実に期待できただろうか。勝者が敗者を裁く、これが権力政治の現実、あるいは大沼の言う「人間の業」であろう。また、ナチスのホロコーストを、何の責任も問わず放置するという選択肢はあり得たであろうか。ドイツと同じように、日本の戦争責任も法廷で問われた。東京裁判を戦争の延長でとらえ、これを勝者の敗者に対する制裁と考えればわかりやすい。占領や日本の非軍事化、戦後の諸改革と同じように、日本の「無害化」を進める連合国の政策の一環として戦犯裁判は行われたのである。

なお、判事、検事は連合国11か国から出された。日本に対する厳しい世論を踏まえれば、日本人の判事、検事の選出も難しかったであろう。第二次世界大戦中、スイス、バチカンなど約10か国が中立国だったが、アメリカは、大戦中に戦犯問題について中立国の支援が得られなかったために、中立国判事を頼む政治的余地はなかったという［日暮 2002：211］。弁護人については、法廷でアメリカの原爆投下を問題としたブレークニーをはじめ、アメリカ人弁護人も精力的に活躍したことは記憶にとどめておくべきだろう。

3 「平和に対する罪」と事後法の問題

1945年5月にドイツが降伏すると、8月8日には米英仏ソの4か国でロンドン協定が結ばれ、ニュルンベルク裁判の基本法となる国際軍事裁判所憲章が制定された。憲章は、裁かれるべき戦争犯罪を、以下の3類型に分けた。

(a) 平和に対する罪。侵略戦争の計画、準備、実行、共同謀議。侵略戦争を違法化した1928年の不戦条約が根拠とされた。

(b) 通例の戦争犯罪。捕虜や占領地内での一般住民の殺害、虐待など。ハーグ陸戦協定や1929年のジュネーブ条約が根拠とする伝統的な戦争犯罪。

(c) 人道に対する罪。戦前、または戦時中に行われた、すべての一般住民に対する非人道的行為。通例の戦争犯罪では裁けない戦前の行為、自国民への行為なども含め、ホロコーストなどナチス特有の犯罪を裁くために新たに作られた。

1945年10月、米政府は、日本においても同様の国際法廷を開廷することを決定した。「平和に対する罪」で裁くことを主目的とする東京裁判と、その他の戦犯を裁く各国の軍事法廷、BC級戦犯裁判の2つのタイプの戦犯法廷が開かれることになった。東京裁判の被告は、ニュルンベルク裁判憲章の犯罪類型（a）に由来することから「A級戦犯」と呼ばれるようになった。犯罪類型（b）に該当する戦犯は「B級戦犯」または「BC級戦犯」と呼ばれた。最終的には、犯罪類型（c）と認定された日本人戦犯はいなかった。

東京裁判で大きな争点となったのは「平和に対する罪」適用の是非である。不戦条約は、侵略戦争を違法としていたとは言え、侵略戦争を進めた戦争指導者を犯罪者として処罰することまでは定めていなかった。そのため、「平和に対する罪」は、第二次世界大戦終結後に作られた事後法であるという批判がある。法律なくして犯罪も刑罰もなしという罪刑法定主義に反するという批判である。

東京裁判が開廷すると、弁護側は早速、この問題で申し立てを行った。侵略戦争はそれ自体では不法なものではなく、不戦条約は戦争犯罪の意味を広げたものではない。戦争は国家の行為であり、それに対して、国際法上で個人的責任はない。「平和に対する罪」に関する裁判所条例の規定は事後法であり、不法であるなどとした［朝日新聞法廷記者団（以下、朝日）1962：67］。この問題の扱いをめぐり判事団内部の議論は紛糾、申し立てを却下したものの、理由は後に申し渡すとした。

結局、東京裁判判決は、事後法の問題について、1946年のニュルンベルク裁判判決に完全に同意するとして、弁護側の主張を却下した。

ニュルンベルク裁判では、事後法の問題について、概ね次のように判断していた。

不戦条約加入国は、政策の手段として戦争に訴えることを将来に向かって無条件に不法であるとし、明示的にそれを放棄した。このような戦争を計画し、遂行する者は、犯罪を行いつつあるのだということである。ある事情のもとでは、国家の代表者を保護する国際法の原則は、国際法によって犯罪的なものとして不法化されている行為には、適用することが出来ない。「法なければ犯罪なし」という法律格言は、主権を制限するものではなく、一般的な正義の原則である。条約や誓約を無視して、警告なしに、隣接国を攻撃した者を処罰するのは不当であると主張することは、明らかに間違っている。攻撃者は自分が不法なことをしていることを知っているはずであり、かれの不法行為が罰せられないですまされるならば、それこそ不当なのである〔朝日 1962：68―69〕。

不戦条約は「政策の手段としての戦争」（侵略戦争）を不法としたのだから、処罰は当然だという論理である。多数派判事たちにとって、ニュルンベルク裁判とは異なる判断を示すという選択肢はあり得なかったであろう。

これに対し、インドのパル判事は、不戦条約において、自衛戦とは何かという問題は当事国自身の決定に委ねられているので、どのような種類の戦争であっても犯罪もしくは違法とならないとの見解を示した〔朝日 1962：396〕。

オランダのレーリンク判事も、侵略戦争を犯罪とする国際法は、日本の開戦時には存在していなかったとした。しかし、「事後法の禁止」は「正義の原則」ではなく「政策の規則」、あるいは「政治的な思慮」を示すもので、必要とあれば、戦勝国は、「これを無視して差し支えない」との見解を示した〔朝日 1962：248―249〕。レーリンクは当初、侵略戦争を犯罪とすることに批判的であったが、多数派との同調を求めるオランダ政府の意向を無視することは出来なかった。結果として、「平和に対する罪」が事後法であったという自身の見解を維持する一方で、「国際政策」としての戦犯処罰を是認するという独自の論理を展開した〔日暮 2002：432―433〕。また、「平和に対する罪」だけを理由に死刑を言い渡すことに反対した(3)。

もし、判決が戦争犯罪を「通例の戦争犯罪」に限定し、「平和に対する罪」を問わなかったのであれば、東京裁判の評価もまた大きく変わっていたであろう。しかし、ニュルンベルク裁判との整合性を考えれば、連合国側としては「平和に対する罪」を問わない選択は、政治的にはありえなかっただろう。

4　東京裁判をどう受け止めるか

以上、見てきたように東京裁判には、「勝者の一方的裁き」の面があったことは否めず、また事後法の適用という問題を指摘する声も根強い。さらにつけ加えれば、日本人が違和感を抱くのは、全面的共同謀議の認定であろう。判決は、「東アジア、西及び西南太平洋及びインド洋と、これらの太平洋における島々の一部」を支配におくという共同謀議が存在したと認定した。そして侵略戦争の準備、遂行は、一人の人間の仕事ではなく、共通の計画を遂行しようとして行動した多くの指導者の仕事であり、判決ではほとんどの被告がこの共同謀議に参加していたと認定した。最初から一つの大きな陰謀があれば、それに部分的にでも加担した者は共同謀議者として責任を問われるという英米法の「共同謀議」の法理論を適用するための論法であった。そしてソ連の日ソ中立条約に違反した侵攻は不問に付されたまま、共同謀議論に依拠して、ノモンハン事件などの日ソ紛争も侵略戦争として裁かれたのである。東京裁判が示した歴史観は一方的であり、日本人には受け入れがたい部分があることも事実である。

しかし、東京裁判に問題があったからと言って、日本の過去の戦争が正当化されることにはならない。むしろ日本人自身の視点で、戦争責任を考えていくことが必要だったのではないか。

終戦直後、自主裁判構想も浮上した。東久邇宮稔彦内閣は1945年9月12日、「国際法規・戦争法規に違反せる行為をなせる者に対し、厳重かつ公正なる裁判を行うの決意あり」との閣議決定を行った。裁判の対象は、残虐行為を実行した下位の責任者に限られ、東京裁判とは性格を異にしたが、アメリカ側に戦犯容疑者を日本の裁判所に引き渡す意思はなく、構想だけで終わった[4]。

続く幣原喜重郎内閣は、1945年11月、敗戦の原因を調査する「戦争調査会」を設置した。幣原は「国民の間に血で血を洗ふが如き結果となるような方法に依ることは好ましくない」との考えで、開戦原因の調査のレベルで考えていた。ソ連などから、戦争原因の調査は東京裁判で行われるべきものだとの声が上がり、調査会は46年9月、結論を出さないまま廃止された。

このほか、外務省が日米開戦に至る外交政策の失敗を検証したものとして『日本外交の過誤』（小倉［2003］に所収）があるが、国民レベルのものとは言えない。

戦後60年を迎えた2005年夏から1年をかけて、読売新聞社は日本の戦争指導者の政治的、道義的戦争責任の検証を行った［読売 2009a；2009b］。東京裁判は完全無欠のものだったとは思われない。日本国民自身の手による戦争責任の検証が絶対に必要だという、読売新聞主筆、渡辺恒雄のイニシアティブによって進められた。1931年の満州事変から1945年の終戦まで、「昭和戦争」に関わった多くの指導者の責任が認定された。世界の動きを見誤ったことで無謀な戦争をひき起こしたと判断された。検証の結果、東京裁判で処刑された東条英機元首相や戦後自殺した近衛文麿元首相に重大な責任があると認定された。東京裁判による訴追を免れた人物の中にも、満州事変の首謀者、石原莞爾や日米開戦を推進した軍中堅官僚ら、重大な戦争責任を負う人々がいることを指摘、一方で、木村兵太郎のように「A級戦犯」として処刑されながら、それほど重要な役割を果たしていなかった指導者がいたことも確認された。立憲君主の枠を遵守した昭和天皇は責任なしと判断された。全体として言えば、戦争責任者は東京裁判の「A級戦犯」とかなりの部分で重なった［読売 2009b］。

東京裁判の問題点を批判するだけでなく、そこから自らの戦争責任を問い直していくことこそが重要なのではないか。

ドイツの戦犯を裁いたニュルンベルク裁判についても、ドイツでは批判は根強くある。ドイツ連邦政府は、ニュルンベルク裁判の結果を公式に受け入れていない。しかし、ドイツ国内法によるナチ犯罪の追及など、ドイツ人自らによる過去の克服は、国際社会から高い評価を得ている(5)。日本の指導者の戦争責任は、ドイツと同等の犯罪として位置付けられるものではないが、歴史と主体的に向き合う姿勢は大切である。

注

（1）「捕虜」は俗称のため、日本軍、日本政府は第二次世界大戦直後まで「俘虜」の呼称を用いてきた［秦 2014：18］。本書は、原則「捕虜」を使用したい。

（2）ポツダム宣言を受け入れるにあたって、阿南惟幾陸相らは、戦争犯罪人は日本国内で処理することなどを条件に加えるよう主張し、東郷茂徳外相らと対立した。1945年8月10日未明の御前会議で昭和天皇は、「国体護持」のみ確認されればポツダム宣言を受諾するという東郷案を支持した。天皇は、忠勤を尽くしてくれた者を戦争犯罪人とすることは情において忍び得ないところだが、「国家の為には已むを得ない」〔佐藤・黒沢編 2002：256―257〕と述べた。

（3）多数派による判決も、「平和に対する罪」のみで死刑に処すことは避けた。

（4）連合国側は自主裁判に否定的だった。第一次世界大戦後、ドイツの戦争犯罪者を自主裁判（ライプツィヒ裁判）に委ねた結果、ごく少人数が軽い刑に服しただけだったという苦い記憶が「ライプツィヒの茶番」として連合国側には刻まれていた。

（5）第8章参照。

第4章 戦没者追悼

1　靖国神社か国立追悼施設か

「この年のこの日にもまた靖国のみやしろのことにうれひはふかし」〔宮内庁侍従職編 1990：295〕

昭和天皇が晩年に詠んだ歌で、1986年8月15日の作とされている。「うれひ」とは、首相の靖国神社参拝に関する騒擾を指していたと推察される(1)。

当時の中曽根康弘首相は、前年の1985年8月15日に靖国神社を首相として初めて公式参拝した。これに対し中国政府は「A級戦犯を合祀している神社への公式参拝は、日中両国民をふくめアジア各国民の感情をはなはだしく傷つける」と非難した。中曽根首相は、以後参拝を見送り、後の首相も、小泉純一郎ら一部例外を除き、参拝を見合わせてきた。

戦後日本の「戦没者追悼問題」の焦点は、「靖国問題」にあったと言ってもよい。

靖国神社を国の中心的な追悼施設と位置付け、首相はあくまで靖国神社に参拝すべきだという主張がある。これに対し、誰もがわだかまりなく戦没者を悼むことができる国立追悼施設を建立すべきだという意見がある。一方で、国立追悼施設は国民に戦争への犠牲を強いる「第二の靖国」につながると反対する意見もある。

筆者は、広く国民的な合意が形成されるのであれば、新たに無宗教の国立追悼施設の建立を前向きに検討していくことに異論はない。しかし、様々な政治的主張のバランスの上に成り立っている現状についても、一定の評価があってよいのではないだろうか。第一に、全国戦没者追悼式という、追悼の形が定着している。第二に、国立千鳥ヶ淵戦没者墓苑の存在がある。引き取り手のいない遺骨を収容する墓苑であって、中心的な戦没者追悼施設にはなり得ないとも言われるが、単なる「無名戦没者の墓苑」以上の重要な役割を果たしてきたのも事実である。第三に、現在の多元的な追悼の在り方は、「追悼」をめぐる尖鋭な政治対立を緩和し、静謐な追悼の場を確保することに資すると考えるからだ。全国戦没者追悼式の会場となる日本武道館、靖国神社、千鳥ヶ淵戦没者墓苑は、いずれも東京・九段にあり、徒歩で10分程度の距離圏にある。毎年8月15日、武道館の式典に参列する人々は、靖国神社や千鳥ヶ淵の墓苑などに思い思いに足を進める。戦後日本の戦没者追悼の姿として定着していると言えるのではないか。

靖国神社をめぐっては、国民の間に様々な思いがあり、また主義主張がある。留意しておきたいことは、靖国神社は、信教の自由が保障された現憲法下における、一宗教法人ということである。例えば、政府は神社に「A級戦犯」の分祀を命じることは出来ない。「A級戦犯」分祀論があるが、神社が教学上、「分祀ができない」というのであれば、強要出来ない。一方で、神社に対して政府のコントロールが及ばない以上、国の中心的な追悼施設と位置付けることには、おのずと無理があるのではないか。

以下、まず戦没者の追悼は、多くの国で様々な形態によって行われていることを示したい。続いて、戦前の中心的な追悼施設であった靖国神社の特質、そして同神社は戦後の一時期までは戦前の延長線上で認識されてきたが、その限界が露呈されてきたことを示したい。その後、浮上した国立追悼施設構想をめぐる論点、これに対する左右両派からの反対意見について論じたい。最後に、戦後の全国戦没者追悼式、国立千鳥ヶ淵戦没者墓苑の歩みと今日的な意味を考えてみたい。

2　海外における追悼

近代の国民国家が形成され、国民皆兵制が導入されると、国家のために命を捧げた兵士に対して国家が追悼することは、広く行われてきた。

有名なパリの凱旋門も、第一次世界大戦後の1920年に造られた、仏国防省が管理する戦没者追悼施設である。床下に無名戦士1名の遺体が埋葬され、「祖国のために戦死したフランス兵士ここに眠る1914―1918」と碑文が刻まれている。第一次世界大戦以降のフランス国籍戦没将兵が追悼対象となっている。第二次世界大戦戦勝記念日の5月8日と第一次世界大戦休戦記念日の11月11日に追悼行事が行われている。

このほか欧米では、アメリカ・ワシントン郊外に設けられたアーリントン国立墓地（ヴァージニア州）の「無名戦士の墓」（1921年）、ロンドンに建てられた記念碑「セノタフ」（空の墓、1920年）、ベルリ

写真4−1　ノイエ・ヴァッヘの母子像
筆者撮影.

ンの「ノイエ・ヴァッヘ」（1993年）などもよく知られている。「ノイエ・ヴァッヘ」は、かつては国王の衛兵所の建物であったが、1931年に戦没者追悼の場所とされ、戦後は旧東ドイツの追悼施設となった。東西ドイツ統一後に、改めて国の中央追悼施設と位置付けられた。現在は建物の中心部に「死んだ息子を抱く母親像」が設置されている（**写真4−1**）。「戦争と暴力支配」のすべての「罪なくして犠牲になった者」が追悼対象となっている。中国・北京の天安門広場には「人民英雄紀念碑」（1958年）が、韓国には戦死・殉職した軍人や警察官らを追悼する「ソウル国立墓地」（1965年）がある。これらの施設は、いずれも無宗教である。(2)

3　戦前の靖国神社

東京・千代田区九段にある靖国神社の設立は、これら諸外国の追悼施設より早い。国のために命を捧げた人々を祀る神社として1869年に、明治天皇の「思召」により建立された。当初は東京招魂社と呼ばれた。幕末に、長州藩では藩に殉じた志士の神霊を祀ることになり、1865年、下関に招魂場（現・櫻山神社）を建立している。東京招魂社は、こうした発想を明治国家に広げたもので、ペリーが来航した1853年以来の「国事殉難者」（高杉晋作、坂本龍馬など）や戊辰戦争の官軍側の戦死者が合祀されていった。

1879年、東京招魂社から靖国神社へと社号が改められ、別格官幣社[3]に列せられた。古代中国の「春秋左氏伝」の「吾は以て国を靖んずるなり」等が典拠となっており、「国を安泰にする」という意が込められている。

これまでに幕末の志士から第二次世界大戦の戦没者に至る246万6000余柱[4]が「御祭神」として合祀されてきた。終戦までは軍人軍属が合祀の対象だったが、戦後は赤十字社の従軍看護婦、沖縄の「ひめゆり部隊」の学徒隊などの民間人も合祀されるようになった。日本の統治下にあった台湾、朝鮮の出身者も含まれている。

終戦までは陸軍省と海軍省が管理していた。戦没者の合祀は、夜間に開催される臨時大祭（合祀祭）で行われた。天皇、皇后が行幸し、首相、各大臣らが参列、全国各地から招待された遺族らも境内の遺族席に正座した。「御羽車」と呼ばれる神輿のようなものに、戦没者の氏名を記した「霊璽簿」を納め、そこに死者の霊を招いた（招魂式）。続いて、境内の灯火が消え、真っ暗闇の中、軍楽隊の吹奏楽が流れる中、「御羽車」が本殿に静かに入っていく。こうして戦没者は、合祀され「祭神」となった。この模様は、ラジオで実況中継もされた。その翌日、天皇の親拝が行われた。

一方、長州藩の招魂社は、明治以降、全国各地に広がり、昭和に入ると、その数は150にも及んだ。

政府は統制に乗り出し、すべて護国神社と改称、一府県一社を原則とした。護国神社には原則、靖国神社に祀られているその府県の出身者が祭神として祀られている。

4 軍の神社から宗教法人へ

1945年11月20日、靖国神社で臨時大招魂祭が行われた。既にアメリカの占領下だったが、靖国神社の監督に携わる陸軍省の責任者だった美山要蔵が、GHQの了解をとりつけて行った。「招魂・合祀」という一連のプロセスのうち、「招魂」のみを行い、後に戦没者の氏名、没年月日が判明してから合祀(「霊璽簿」に記載)するというアイデアだった〔伊藤 2009：162〕。昭和天皇の親拝も行われた。

同年12月15日、GHQは神道指令を発令し、国家神道、神社神道に対する政府の保証や支援は廃止させられた。靖国神社解体の可能性もあり、神社側は一時、苦肉の策として、神社の性格は打ち消して記念碑的施設としての存続を目指す「靖國廟宮」案を打ち出したこともあった。結局、46年2月2日改正の宗教法人令で国(復員省)の所管を離れて、宗教法人・靖国神社に移行した(5)。

その後、GHQは特別調査班を設け、靖国神社について改めて本格的な調査を始めた。上智大学のブルノー・ビッテル神父が45年10月、靖国神社存続をマッカーサーに訴えたために、神社は救われたという同神父の証言もあるが、特別調査班設置はその後のことである〔中村・NHK取材班 2007：113–114〕。宗教研究者、ウィリアム・ウッダード率いる調査班は、靖国神社が「軍国主義的性格」を持っていたとの確信を深めていく。しかし、信仰の自由を定めた新憲法制定後の解体は難しく、結局、存続が認められた。

5　厚生省が支えた戦後の合祀

1952年4月28日に日本は主権を回復した。その前年の秋の例大祭で、1946年春を最後に途絶えていた首相の靖国神社参拝が復活、昭和天皇の参拝も7年ぶりに行われた。

靖国神社が抱えていた最大の課題は、戦没者の合祀だった。占領下、細々と合祀が続けられ、その数は35万柱近くに上ったが、200万人の戦没者には遠く及ばなかった。占領が終わり、遺族等援護法などが制定されると、遺族支援と連動する形で合祀事務が進められた。その中心を担ったのが、厚生省引揚援護局だった。

陸軍省、海軍省が解体された後、引揚者援護事務は、第一復員省（陸軍関係）、第二復員省（海軍関係）などを経て、厚生省引揚援護局へと受け継がれていった。小規模ながら旧軍人を中心とした組織で、厚生省の中でも異彩を放っていた[6]。

遺族援護事務のために厚生省が得たデータに基づき、各都道府県が戦没者の経歴原簿と祭神名票を作成し、厚生省がとりまとめて祭神簿を作り、最後に神社がその氏名を本殿に祀る霊璽簿に毛筆で書き写すという体制が作られていった。1952年から59年までの間に、約150万柱が合祀され、先の大戦の戦没者の合祀がほぼ終了した。

また、57年6月から引揚援護局の担当者が靖国神社に出向いて、合祀基準に関する打合せ会が開かれるようになった。58年4月9日の第4回打合せ会で、援護局側が、「戦犯者（A級は一復関係ではない）B級以下で個別審議して差支へない程度でしかも目立たないよう合祀に入れては如何」と持ちかけた。(7) 59年3月、厚生省から「BC級戦犯」合祀予定者約350名の「祭神名票」が靖国神社に送付され、翌月合祀された。BC級戦犯の合祀はその後も続けられ、これまでに900人以上が合祀された。

「A級戦犯」については、1966年2月に「祭神名票」が送付され、総代会は69年に合祀に同意した。だが、筑波藤麿宮司が「A級戦犯」合祀に慎重だったため、宮司が交代する1978年まで合祀は見送られた。

6　国家護持運動の挫折

日本が主権を回復すると、保守派や日本遺族会からは、靖国神社を戦前の姿に戻すため国家護持を実現すべきだという声が上がった。日本遺族会は、国家護持三原則として、①靖国神社の名称を変えないこと、②靖国神社の伝統的儀式行事を変えないこと、③靖国神社の施設等のたたずまいを変えないことを掲げた。国家護持法案の準備にあたっては、憲法の政教分離規定との整合性が課題となった。

結局、自民党は、宗教法人靖国神社を解散し、特殊法人靖国神社とし、これを国が管理する方針を打ち出した。社会党など野党は憲法の政教分離の原則に反すると猛反発し、廃案・再提出が繰り返されたが、1974年に衆議院で修正可決した。この直後、衆議院法制局は「靖国神社法案の合憲性」という文書を出し、靖国神社の非宗教性を保つための条件を示した。そこには、祝詞の奏上は英霊に対する感謝の言葉に変えることや、降神、昇神の儀の廃止など、これまでの祭祀儀礼を放棄することが列挙されていた。ここに来て、靖国神社側も、これでは神霊不在になると、二の足を踏んだ。結局、参議院で審議未了のまま廃案となった。

7　憲法の「政教分離」と首相参拝

靖国神社の国家護持の運動が、憲法の政教分離原則によって挫折した後、靖国問題の焦点は「首相参拝」へと移り、今日に至っている。焦点は当初、憲法の政教分離との関連だったが、１９８５年の中曽根首相の公式参拝を機に、「A級戦犯」合祀と外交問題へと移っていく。

１９５１年10月の秋の例大祭に吉田茂首相が参拝して以来、毎年、春秋の例大祭に歴代首相が参拝することが定着化していった。首相の参拝を憲法上、疑問視する声も一部にはあったが、大きな論争にはならなかった。ただし、１９７５年８月15日に三木武夫首相が参拝した際に、「私的参拝」であることを強調したことを機に、首相が参拝する度に、私的参拝か公的参拝か質問されるようになった。

１９７８年10月、「内閣総理大臣等の靖国神社参拝についての政府統一見解」が出された[8]。①首相や大臣が私人の立場で神社仏閣に参拝するのは自由である、②特に政府の行事として参拝、あるいは玉ぐし料等の経費の公費支出といった事情がない限り、私人の行動と見るべき、③公用車の使用、記帳の際の肩書記載、気持ちを同じくする閣僚との同行があっても、私人の立場が損なわれることはない――とした。さらに80年11月に改めて出された政府統一見解は、閣僚としての参拝に違憲の疑いがあることは否定できず、「国務大臣としての資格で靖国神社に参拝することは差し控えることを一貫した方針としてきたところである」とした(9)。

つまり、私的参拝と大臣としての参拝の違いは、公費支出の有無にあり、公費支出がなければ私的参拝として許容されるという見解だった。

1982年に首相に就任した中曽根康弘は、首相の公式参拝を実現すべく、「閣僚の靖国神社参拝問題に関する懇談会」を設け、憲法との関連も含め検討を求めた。委員には、評論家の江藤淳、作家の曽野綾子、憲法学者の佐藤功、芦部信喜ら15人が選ばれた。85年8月9日に報告書がまとめられた。結論は「政府は、この際、大方の国民感情や遺族の心情をくみ、政教分離原則に関する憲法の規定の趣旨に反することなく、また、国民の多数により支持され、受け入れられる何らかの形で、内閣総理大臣その他の国務大臣の靖国神社への公式参拝を実施する方途を検討すべきである」だった(10)。

報告書が、論拠として挙げたのは、津地鎮祭事件に関する最高裁判決(1977年7月13日)だった。三重県津市が体育館起工式の際に地鎮祭について、住民が憲法20条3項の「宗教的活動」に該当し憲法違反に当たると訴えた裁判で、最高裁は合憲の判断を示した。判決は、憲法20条3項の「宗教的活動」について、行為の目的が宗教的意義を持ち、その効果が宗教に対する援助、助長、促進又は圧迫、干渉等になるものと、限定的にとらえた。問題の地鎮祭は、もっぱら世俗的な目的で行われ、その効果も神道を援助したり他の宗教に圧迫を加えたりするものではないので、憲法が「国およびその機関」に禁止する「宗教的活動」には該当しないと結論づけた。この基準は「目的効果基準」と呼ばれる。

報告書は、「最高裁判決に言う目的及び効果の面で種々配意することにより、政教分離原則に抵触しない何らかの方式による公式参拝の途があり得る」とした。

この報告書を受け、政府は「公式参拝を行っても、社会通念上、憲法が禁止する宗教的活動に該当しないと判断した」（1985年8月14日藤波官房長官談話）とし、従来の政府統一見解を変更した。

その翌日、戦後40年の終戦の日、中曽根康弘首相は、靖国神社に公式参拝した。

なお、宗教色を避けるため、「二礼二拍手一礼」の神道形式でなく、社殿か社頭の前で一礼する、玉ぐし料の代わりに供花料を公費から支出するとの方式をとった。

8　司法の憲法判断

このように政府は、津地鎮祭事件に関する最高裁判決も根拠に首相の公式参拝を問題なしとしたが、その後の司法判断はどうだったのか。

靖国神社関連で憲法違反が問われた訴訟は、大きく3つに分類できる。

①玉ぐし料を公費から出したことを争ったもの

②首相の靖国参拝を争ったもの

③本人、遺族の意に反して合祀されたとして合祀取り消しを求めたもの。

①については、愛媛県が靖国神社に対して玉ぐし料を公費から支出したのは憲法に違反するとして争われた裁判（愛媛県靖国神社玉串訴訟）で、最高裁は1997年に違憲判決を下した。[11] 津地鎮祭訴訟で最高

裁が示した目的効果基準に照らし、玉ぐし料の支出は、その目的が宗教的意義を持つことは免れないとした。また、その効果も特定宗教に対する援助、助長、促進になると判断した。なお、1985年の中曽根公式参拝の際には、宗教性の強い玉ぐし料の代わりに供花料を支出していたことから、政府は公式参拝を合憲とする見解を変える必要はないと受け止めた。

②についても最高裁判決が出ている。小泉首相の靖国神社参拝をめぐり、日韓の戦没者遺族らが、「政教分離を定めた憲法に違反し、精神的苦痛を受けた」として、国などに慰謝料などを求めた訴訟だったが、最高裁は上告を棄却した(12)。判決は、他人が特定の神社に参拝することで宗教上の感情が害され、不快の念を抱いたとしても、直ちに損害賠償を求めることは出来ないとした。ただし、参拝の違憲性については「確認の利益がない」として憲法判断は行わず、肩透かしの感が残った。

③については、いずれも合祀取り消しは認められず、最高裁も上告を棄却している。

その後も首相参拝に関する政府見解は変わらない。靖国神社への公式参拝は、「内閣総理大臣が公的な資格で行う靖国神社への参拝(13)」と定義されている。私的参拝については、「政府の行事として参拝を実施することが決定されるとか、玉ぐし料等の経費を公費で支出するなどの事情がない限り、それは私人の立場での行動と見るべきものと考えられる(14)」としている。この政府の論理に従えば、供花料を公費で支払った1985年8月15日の中曽根参拝が唯一公式参拝で、他はすべて私的参拝ということになる。

首相の靖国参拝と憲法の問題は、公費で玉ぐし料等を支払わない私的参拝については、憲法違反とはならないという司法判断が定着しつつあると言えよう。

9 「A級戦犯合祀」と中国、韓国の批判

首相の公式参拝によって、憲法の政教分離と首相参拝の問題は、一応の決着がついた形となった。ところが、この1985年の靖国神社参拝に対して、中国政府と韓国政府が、「A級戦犯」が合祀されていることを理由に強く反発した。

1966年に「A級戦犯」の祭神名票が靖国神社に送付され、69年に総代会が合祀を承認したこと、78年に合祀が実行されたことは先に述べた。その後も1946年1月以来、宮司を務めてきた筑波藤麿は、「A級戦犯」合祀に慎重だった。78年3月に筑波が亡くなると、後任の宮司に松平永芳が選ばれた(15)。宮司に就任した松平は、10月の秋の例大祭において、「A級戦犯」14人を「昭和殉難者」として合祀した。伏せられていたが、79年4月に報道で明るみに出た。

その後も、首相の春秋の例大祭の参拝は続けられたが、中国政府が声を大にして反対することはなかった。1978年に日中平和友好条約が締結され、1980年代は日中の蜜月時代だった。中曽根首相と中国の胡耀邦総書記の関係も親密だった。中曽根は85年春、中日友好協会の孫平化副会長に靖国公式参拝の予定を打診している。「A級戦犯」が祀られている靖国神社の公式参拝は受け入れがたいと孫は難色を示した。それでも公式参拝が実行されると、中国政府は予想以上の反発を示し、批判のトーンを強めていく。

中曽根首相はその後、「A級戦犯」の分祀を模索し、靖国神社に働きかけたが、神社側は応じなかった。

中国では、親日派の胡耀邦に対する保守派の突き上げも強まった。胡耀邦は86年7月、訪中した稲山嘉寛・前経団連会長に「今年参拝があれば中国人民を抑えきれない」と危機感を示した。中曽根首相は、盟友・胡耀邦の立場を慮り、86年8月15日の公式参拝を取りやめた。

結局、1985年8月15日の中曽根公式参拝を最後に、首相の靖国神社参拝は、ほとんど見送られることになった。2001～2006年にかけて小泉純一郎首相が毎年参拝する[16]などの例外はあったが、その都度、中国は厳しく批判し日中関係は冷却化した。安倍晋三首相は任期中に1度だけ参拝を行った[17]が、これには中国のみならず米政権からも、東アジアの安定性を揺るがすものとして強い反発があった。

靖国神社が国の中心的な追悼施設として機能しているとは言い難い状況となっている。東京裁判は不当なもので、「A級戦犯」合祀を批判する外国の論理に引きずられずに、首相は参拝すべきだという意見がある。「A級戦犯」合祀に違和感を抱くという意見もある。重要なのは国民の総意である。「A級戦犯」合祀は、その当否は別としても、神社の意思によってなされたものであり、最終的には国家のコントロールが及ばない領域である。一宗教法人を国の中心的追悼施設とすることの、限界が露呈したと言えるのではないか。

10　国立追悼施設建立論

小泉首相の靖国神社参拝は、戦没者追悼のあり方をめぐる新たな国民的議論の契機となった。「A級戦犯」合祀問題の解決策として浮上したのが、「A級戦犯」の分祀、国立追悼施設の建立、千鳥ヶ淵戦没者墓苑の活用といった施策である（写真4-2）。

分祀を求める声は、日本遺族会からも上がったが、いったん合祀した以上、神道の教学上、分祀はできないというのが靖国神社の一貫した立場だ。仮に分祀が行われたとしても、次に「BC級戦犯」の分祀が求められて、外交問題はさらに複雑化する可能性もある。

千鳥ヶ淵戦没者墓苑は、あくまで引き取り手のいない遺骨の埋葬場所という位置づけがされているため、今のところ有力な対案とはなっていない。

そこで浮上したのが国立追悼施設建立案だった。

小泉内閣が発足した2001年の年末、福田康夫内閣官房長官の私的諮問機関として「追悼・平和祈念のための記念碑等の在り方を考える懇談会」（追悼懇）が設けられた。翌2002年12月、追悼・平和祈念を行うための国立の無宗教の恒久的施設が必要であるとする報告書がまとめられた。施設の基本的性格としては以下の点を挙げた[18]。

①明治以降の日本の係わった戦争で亡くなった人々、戦後の日本の平和と独立のため、あるいは国際平和のため活動中に亡くなった人々が追悼対象となる。

写真4-2 国立千鳥ヶ淵戦没者墓苑
筆者撮影.

② 不戦の誓いや平和祈念の基礎となる追悼である。追悼と平和祈念は両者不可分一体のものと考える。

③ 空襲被害者などの民間人も追悼対象に含まれる。過去に日本の起こした戦争のために命を落とした外国の将兵や民間人も、日本人と区別するいわれはない。

④「死没者を悼み、死没者に思いを巡らせる」という性格のものであって、宗教施設のように対象者を「祀る」「慰霊する」「鎮魂する」という性格のものではない。具体的な個々の人間が追悼の対象に含まれているか否かを問う性格のものではない。

⑤ 憲法の政教分離原則に反する性質のものであってはならない。しかし、施設を訪れる個々人の宗教感情まで否定するものではなく、各自が自由な立場から、それぞれ望む形式で追悼・平和祈念を行うことが保障されなければならない。

なお、靖国神社、千鳥ヶ淵戦没者墓苑とは、趣旨、目的が全く異なり、これらの既存の施設とは両立し得るとした。例えば、靖国神社は、国事に殉じた人々を奉斎し、その「みたま」を奉慰し、その御名を顕彰する神社だが、新たな追悼・平和祈念施設は追悼対象をより広くとらえ、追悼と戦争の惨禍への思いを基礎に平和を祈る国立無宗教の施設だとした。立地については、都心あるいはその近くの公園風のスペースが望ましいとしたが、具体的な提言はなかった。

しかし、その後の内閣は、国立追悼施設建立に積極的に取り組む姿勢を見せていない。自民党内の靖国参拝推進派にとっては、歓迎される議論ではないためだろう。

保守派の反対の論理は、追悼懇メンバーで、報告書発表前に急逝した坂本多加雄委員（学習院大学教授）の参考意見（報告書に付記、以下3点）に集約されよう。

①国の危機に殉じた人々を追悼し顕彰することは、世界各国の国民に共通する普遍的な徳であり意志である。靖国神社は民間宗教団体であるが、そうした追悼のための公的施設であったし、現にそうである。政府は、靖国神社への首相参拝その他の形で公的な追悼の義務を果たすべきである。新しい施設建設の必要性、必然性はない。

②戦没者追悼の形態は、個々の国家の固有のものが多い。日本だけが新しいものを出すことの理由は何か。

③一方的、受動的に平和を祈念して、戦争の犠牲者は気の毒だと思っていれば、平和になるというものでもない。平和と追悼と並ぶのはいいが、今の文脈だと「犠牲者を出さないために平和を祈念しましょう」と受け取られる可能性が高いので、その点ではあまり賛成しない。

しかし、政治のコントロールを受けない「靖国神社」が、果たして「追悼のための公的施設」の役割を担うことができるのか。疑問は拭えない。

坂本とは逆の左派の立場からの国立追悼施設建設報告書批判として、高橋哲哉『靖国問題』に示された論点も付記しておきたい。

①「A級戦犯」問題はどうなるのか。報告書の方針は、具体的な個々の人間を追悼対象とするか否

かは明確にしないというもので、「A級戦犯」問題は、おそらく意図的に曖昧にしているのではないか〔高橋 2005：186―190〕。

②戦後の自衛隊や海上保安庁の平和と独立を守るための活動における死没者は追悼対象であり、これに敵対した外国人は追悼対象ではない。これは、日本の活動の正しさを疑わず、日本人死没者のみを追悼しようという点で「第二の靖国」になってしまう〔高橋 2005：191―97〕。

③日本国家が「不戦の誓い」を現実化し、戦争に備える軍事力を実質的に廃棄すること、「過去の戦争」についての国家責任をきちんと果たすこと。こうした条件が満たされない限り、国家による戦死者の「追悼」が、新たな戦争へ国民を準備していく顕彰行為となるのは必然だ〔高橋 2005：206―11〕。

高橋は「施設は施設にすぎない。問題は政治である」という。どのような国立追悼施設をつくるかではなく、国が「戦争と平和との関連で施設をどのように利用するのか、しないのか」が問題なのだという〔高橋 2005：218〕[19]。それは結局のところ国家の根本的なあり方を問う議論である。本書のテーマを越えるので、この問題には立ち入らないが、一つ付言すれば、例えば現在の全国戦没者追悼式が、「新たな戦争へ国民を準備していく顕彰行為となるのは必然」とまで言い切れるのだろうかという疑問が残る。

11　全国戦没者追悼式と千鳥ヶ淵戦没者墓苑

靖国神社をめぐって議論が紛糾する中でも、戦没者の追悼に大きな支障をきたしていないのは、全国戦没者追悼式と千鳥ヶ淵戦没者墓苑の存在によるところが大きいと考える。

第1回の全国戦没者追悼式は、主権回復直後の1952年5月2日、昭和天皇、香淳皇后臨席のもと新宿御苑で行われた。前年にGHQが出した覚書「軍国主義・超国家主義イデオロギー除去のための残された責任に関わる行動」の中には、「好ましからざる軍国的神社の影響を永久になくすと見込まれる唯一の手段は、より反対の少ない形式による戦没者のための公的な式典を許可し奨励することである」と記されていた［中村・NHK取材班 2007：251］。この式典は、新宿御苑において無宗教の形で行われた。

続いて1959年3月28日、千鳥ヶ淵戦没者墓苑の竣工式と同時に厚生省主催の追悼式が行われた。その後、年に1回は国の行事として追悼行事を行いたいとの要望が強くなり、1963年8月15日、閣議決定に基づき政府主催の全国戦没者追悼式が日比谷公園で実施された[20]。これを機に毎年8月15日に実施されることで定着した。翌64年の会場は靖国神社だったが、社会党から批判の声が上がり、65年以降は日本武道館で開催されている。

政府は1982年、毎年8月15日を「戦没者を追悼し平和を祈念する日」とすることを閣議決定し、全国戦没者追悼式を今後も引き続き実施することとした。

1937年の日中戦争から45年の終戦までに亡くなった戦没者が追悼対象とされている。戦犯関係の遺族会である白菊遺族会の会員も式典に招かれている。

戦後70年を迎えた2015年から、天皇陛下の「お言葉」に、「反省」の言葉が加えられるようになった。戦後の日本の平和と繁栄の礎を築いた戦没者を追悼する厳粛な場となっている。

一方の、千鳥ヶ淵戦没者墓苑は、氏名が特定できないことなどから引き取り手がいない戦没者の遺骨を埋葬する施設である。

1952年にサンフランシスコ平和条約が発効した後、政府は海外各地に残されている戦没者の遺骨を収集する事業を始めた。先の大戦の戦没者310万人のうち、日本本土以外で亡くなった人の数は240万人に上る。日本に持ち帰られた遺骨の中には、氏名が特定できないなどの理由で、遺族に引き渡すことが出来ないものも少なくなかった。これらの遺骨は厚生省内の仮安置室などに保管されたが、その数は年々増え続けた。

こうした状況を見越し、講和条約発効直後の52年5月、官民挙げての「全日本無名戦没者合葬墓建設会」(総裁・吉田茂首相)が発足した。設立趣意書には、アメリカのアーリントン墓地の「無名戦士の墓」のような施設を建設する考えが示されていた。靖国神社については①一般戦没者は対象としていない、②遺骨を埋葬する場所ではない、③神道以外の宗教と相いれない、④外交使節の参拝を受け入れるにはいかがか、と指摘し、靖国神社とは別の霊場を造営する必要性を訴えていた［伊藤 2009：291―292］。

その後、この構想は、全国遺族等援護協会(砂田重政会長、その後、全国戦争犠牲者援護会として社団法人化)

によって推進される。援護協会は、超党派の国会議員が役員を務める組織で、顧問には旧陸軍幹部が名前を連ねていた。遺族援護や戦争裁判処刑者の名誉回復、戦没者の靖国神社合祀促進、空襲などによる一般戦没者の慰霊などを目指していた。

53年12月11日には、「無名戦没者の墓」を建立することが閣議決定された。

しかし、靖国神社や日本遺族会は、戦没者全体の象徴的な墓となれば靖国神社と役割が重複してしまうと反対し、靖国神社の境内に墓苑を作るべきだと主張した。結局、皇居近くの千鳥ヶ淵に墓苑を造営する案が浮上、靖国神社・遺族会側も了承し、1956年12月4日に閣議決定された。ただし、神社側は「墓」が、靖国神社に代わる国立追悼施設にならないよう念を押した。援護会は、日本遺族会に対し、「墓」は靖国神社を二分化するものではなく、あくまで引き取り手のない遺骨収納の墓であること、靖国神社の外苑の気持ちで取り扱いをすることなどを約束した「覚書」を提出している［伊藤 2009：306―308］。その後、名称の「無名戦没者の墓」については、「無縁仏」につながる、「はっきりとした名前があるのに無名とはけしからん」などの批判の声が上がり、「千鳥ヶ淵戦没者墓苑」とすることで決着した［千鳥ヶ淵戦没者墓苑奉仕会編 2009：50］。1959年3月28日に竣工式が行われた。墓苑には、約37万柱の遺骨が納められている(21)。

財団法人千鳥ヶ淵戦没者墓苑奉仕会が管理・運営を行っている。1965年以来、毎年春には政府主催の拝礼式が行われている。また、秋には、墓苑創建以来、毎年奉仕会主催の秋季慰霊祭が開催されている。また、様々な宗教団体が、それぞれの様式で追悼行事を行っている。

8月15日の「終戦の日」に首相が慰霊に訪れることもある。外国の要人が、靖国神社の代わりに訪れることもある。[22] その存在感は、次第に重くなってきているといえるのではないか。

注

（1）昭和天皇は戦後8回にわたり靖国神社を参拝、1975年11月21日が最後となった。晩年に参拝がなかった理由は長く不明だったが、日独伊三国同盟を推進した「A級戦犯」、松岡洋右、白鳥敏夫らの合祀に不快感を抱いていたことが、2006年に発見された富田朝彦宮内庁長官のメモから明らかになった。
（2）「諸外国の主要な戦没者追悼施設について」（https://www.kantei.go.jp/jp/singi/tuitou/dai7/7siryou1.pdf 2021年5月22日閲覧）。
（3）別格官幣社とは、天皇を祀る官幣大社とは異なり、天皇の臣下を祀る神社ではあるが、天皇が参拝する神社のことを指した。
（4）「靖国神社HP」（https://www.yasukuni.or.jp/history/detail.html 2021年5月24日閲覧）。
（5）宗教法人登記完了は1946年9月7日。
（6）1954年に厚生省外局の引揚援護庁が内局の引揚援護局に改組され、美山要蔵が局次長に就任した［伊藤2009：328］。
（7）「新編靖国問題資料集［232］合祀基準に関する打合会（第4回）（昭和33年4月9日）」（https://dl.ndl.go.jp/view/download/digidepo_999337_po_0192-0240.pdf?contentNo=15&alternativeNo= 2021年5月26日閲覧）。
（8）www.kantei.go.jp/jp/singi/tuitou/dai2/siryo1_4.html 2021年5月27日閲覧。
（9）www.kantei.go.jp/jp/singi/tuitou/dai2/siryo1_5.html 2021年7月10日閲覧。
（10）「閣僚の靖国神社参拝問題に関する懇談会報告書」（https://worldjpn.grips.ac.jp/documents/texts/JH/19850809.O1J.html 2021年5月27日閲覧）。委員の中に、靖国神社公式参拝は、国家と宗教との「過度のかかわり合い」にあたるとする反対意見があったことも付記された。

(11) 1997年4月2日最高裁大法廷判決。

(12) 2006年6月23日最高裁第2小法廷判決。

(13) 「内閣総理大臣が行う靖国神社参拝に関する質問主意書に対する内閣総理大臣、安倍晋三の答弁書、2015年1月9日　衆議院Hp」(https://www.shugiin.go.jp/internet/itdb_shitsumon_pdf_t.nsf/html/shitsumon/pdfT/b188008.pdf/$File/b188008.pdf　2021年7月11日閲覧)。

(14) 「内閣総理大臣等の靖国神社参拝についての政府統一見解(1978年10月17日)」(www.kantei.go.jp/jp/singi/tuitou/dai2/siryo1_4.html　2021年5月26日閲覧)。

(15) 松平は最後の宮内大臣松平慶民の長男、越前藩主松平慶永(春嶽)の孫。皇国史観を唱えた福井県出身の歴史家、平泉澄から強い影響を受けたとされる。「東京裁判を否定しなければ、日本の精神復興はできない」が、松平の持論だった。

(16) 2001年8月13日から2006年8月15日まで、首相在任中、毎年1回参拝した。小泉は靖国神社参拝を自民党総裁選で公約していた。小泉は「A級戦犯」は「犯罪者」と公言する一方、心ならずも国のために命を失った人々のための参拝であることを強調した。

(17) 2013年12月26日。安倍首相は、靖国神社の春秋の例大祭には、参拝する代わりに真榊の奉納を行った。

(18) 「追悼懇 報告書(2002年12月24日)」(https://worldjpn.grips.ac.jp/documents/texts/JH/20021224.O1J.html　2021年5月22日閲覧)。

(19) なお、高橋は、自国の戦争を正戦とし、そのために死んだ自国の兵士を英雄とほめたたえる「英霊祭祀」の論理は、日本だけでなく、西欧諸国はもちろん、日本の首相の靖国神社参拝を批判する韓国や中国にも存在するとしている[高橋 2005:199]。

(20) 「全国戦没者追悼式について　2002年2月1日厚生労働省」(https://www.kantei.go.jp/jp/singi/tuitou/dai2/siryo2_2.html　2021年5月26日閲覧)。

(21) 「国立千鳥ヶ淵戦没者墓苑HP」(www.boen.or.jp　2021年5月27日閲覧)。

（22）　２０１３年10月3日、アメリカから来日中のケリー国務長官とヘーゲル国防長官が、そろって千鳥ヶ淵戦没者墓苑に献花し注目された。安倍首相が近く靖国神社に参拝するとの憶測が流れていた時期で、これをけん制するアメリカ政府のメッセージともみられた。

第5章 戦後賠償・戦後補償

1 賠償・補償問題

戦争が終結すると敗者が勝者に対して一方的に償いを支払う。これが近代国際社会の慣例としての賠償であった。例えば日清戦争後、清は日本に対して2億テールの賠償金を支払い、台湾を割譲している。第一次世界大戦後のドイツは、過大な賠償の負担に苦しみ、ナチスの台頭を導くことにもなった。第二次世界大戦で敗戦国となった日本も当初は厳しい戦後賠償を求められたが、結局、サンフランシスコ平和条約に署名した連合国48か国のうち45か国が対日賠償請求権を放棄（日本も連合国に対し放棄）した。一方で、フィリピンなど甚大な被害を与えた一部の国々に対して、日本は賠償を行っている。

賠償は国家に対して行われたが、戦争によって被害を受けた個人の救済はどうなるのだろうか。「賠償」（reparations）は、「敗戦国に課せられた、敵国の戦時損害を補償するものとしての金銭、物品、労働の提供」［佐藤 1993：427］を意味する。これに対し「補償」（compensation）は損失補填の意味で用いられ、基本的には個人が対象となる。(1) 戦時下において日本政府や日本の企業によって被害を受けた中国、韓国などの人々が救済措置を求めた戦後補償裁判が、日本の法廷で争われてきた。しかし、条約によって請求権が放棄されているのであれば、これらの人々は、条約を締結した自国の政府に救済を求めるしかない。日本の司法は、サンフランシスコ平和条約をはじめとする諸条約等によって解決済みとし、外国人被害者の訴えを退けてきた（2007年4月、最高裁判決など）。これに対し、韓国司法は、これとは異なる判断を示し、外交問題に発展している。

また、戦争で被害を受けた日本人に対し、日本政府は補償を行う法的義務はないとしながら、立法政策として対応してきたが、不十分との批判もある。

本章では、各国に対する戦後賠償がどのように行われたかを概観する。次に外国人に対する戦後補償について考察する。国際的取り決めを重視するという立場から、法的問題は国際条約で解決済みで、問題解決は立法政策に委ねるべきだとする日本の司法判断を支持したい。最後に、日本国民に対する戦後補償について考察したい。(2)

2　日本の賠償

1945年7月、米英中の3国が日本に降伏を呼びかけたポツダム宣言は、日本が連合国に対して賠償を行うことを示唆していた。日本の降伏後、連合国は日本の火力発電所、製鉄所など約1000の施設を賠償工場に指定した。これらの施設の機械類が現物賠償として、中国やフィリピンなどに搬出された。完全に実施されれば、１９３０年当時の生活水準を維持することも難しくなる過酷な内容だった。しかし、この間に米ソ冷戦が本格化し、アメリカは、日本を資本主義陣営の一員として育てていく方向に転換する。搬出は指定施設の30％で打ち切られることになった(3)。

賠償問題の決着は、サンフランシスコ平和会議に持ち込まれた。結局、連合国は、すでに一部現物賠償が行われていることも踏まえ、サンフランシスコ平和条約に別段の定めがある場合を除き、連合国のすべての賠償請求権、連合国及びその国民のその他の請求権を放棄した。また、日本も連合国及びその国民に対する日本国及び日本国民のすべての請求権を放棄した。

サンフランシスコ平和条約には、アメリカなど51か国が参加し、ソ連、ポーランド、チェコスロバキアの3か国を除く48か国が調印した。このうち、フィリピン、インドネシア、南ベトナムの3か国を除く45か国が賠償請求権を放棄した。

その後、ソ連とは１９５６年の日ソ共同宣言において、請求権を相互に放棄した。東南アジアにおいては、フィリピン、インドネシア、南ベトナムにビルマ（現ミャンマー、サンフランシスコ平和条約に不参加）を加えた4か国と賠償協定を結んだ。サンフランシスコ平和会議に不参加の社会主義国の北ベトナムには、１９７５年に85億円を、また翌76年には統一ベトナム政府に50億円を無償経済協力の形でそれぞれ贈与した。サンフランシスコ平和条約締結当時はイギリス領であったマレーシアとシンガポールに対しては、１９６７年9月調印の協定で、それぞれに29億４０００万円が無償供与された。ラオスとカンボジアはサンフランシスコ平和条約で賠償を放棄していたが、58年にはラオス、59年にはカンボジアとそれぞれ経済・技術協力協定が結ばれ、それぞれ10億円、15億円が無償供与された。

国共内戦で分裂した中国は、北京の中華人民共和国政府も台湾の中華民国政府もサンフランシスコ平和会議には招かれなかった。日本はサンフランシスコ平和条約が発効する1952年4月28日、中華民国と平和条約を締結した。「日本国民に対する寛厚と善意の表徴」(議定書)として、サンフランシスコ平和条約に基き「日本国が提供すべき役務の利益を自発的に放棄する」とした。しかし、1972年9月、日本は中華民国と断交し、中華人民共和国と外交関係を樹立した。その際に発表された日中共同声明第5項には、「中華人民共和国政府は、中日両国国民の友好のために、日本国に対する戦争賠償の請求を放棄することを宣言する」と盛り込まれた。ただし、中華人民共和国に対しては、1979年から2016年度までの間に総額3兆円を超えるODA(政府開発援助)を実施した。内訳は、有償資金協力(円借款)約3兆3165億円,無償資金協力1576億円,技術協力1845億円となっている。(4)

日本の植民地支配から独立した韓国と北朝鮮は、サンフランシスコ平和会議への参加を、交戦国ではなかったので認められなかった。1965年に日韓基本条約が締結された。その付属の請求権協定は、日本が韓国に有償2億ドル、無償3億ドルの経済協力を行うことで、「両締約国及びその国民の間の請求権に関する問題」が「完全かつ最終的に解決されたこととなることを確認する」とした。

2002年9月17日、訪朝した小泉純一郎首相と金正日・北朝鮮国防委員会委員長との間で交わされた日朝平壌宣言は、日本の経済協力について協議することを盛り込んだ上で、「1945年8月15日以前に生じた事由に基づく両国及びその国民のすべての財産及び請求権を相互に放棄するとの基本原則」に従い、国交正常化交渉においてこれを具体的に協議するとしていた。しかし、その後、北朝鮮との国交正常化に向けた動きは進展しておらず、請求権問題も解決されていない。

3　外国人の戦争被害への補償

戦後50年にあたる１９９５年の前後から、中国や韓国など諸外国の市民が、戦争被害に対し損害賠償を請求する裁判を日本の裁判所に相次いで起こすようになった。

歴史研究の進展、日本のＮＧＯの活動の拡大などを背景に、戦争被害を受けた国々での権利意識の高揚、被害国の政府が個人による賠償請求を許容する態度をとるようになったことが要因として挙げられる。

これに対し、日本の裁判所は、被害事実を認めつつ、政府の法技術的な主張を受け入れて、ほとんどの請求を却下してきた。

しばしば挙げられたのは、賠償請求は除斥期間を経過しているという理屈だった。除斥期間とは、法律上の権利が、行使しないと消滅する期間のことで、不法行為に対する損害賠償請求権の場合は20年とされている。時効と異なり、当事者の事情に関係なく消滅するとされている。

もう一つ、却下の理由とされたのは国家無答責である。旧憲法下では、国や公共団体の賠償責任を定めた法律がなかったため、当時の国の不法行為によって生じた個人の損害について国は賠償責任を負わないという考え方だ。

国際条約の解釈以前の問題として、請求を棄却していた。

そんな中で、国際条約の解釈を明確に示し、戦後補償に対する司法判断を決定づける判決が、

2007年4月27日、最高裁で言い渡された。西松建設による中国人強制連行事件に決着をつけた判決である。

戦時中に日本に強制連行され、広島県内の発電所建設現場で過酷な労働を強いられたとして、中国人元労働者2人と遺族3人が、工事を請け負った西松建設に2750万円の損害賠償を求めた裁判だった。1審広島地裁は除斥期間の20年が過ぎていることを理由に請求を棄却、2審広島高裁は、著しい人権侵害を理由に、除斥期間が過ぎたことを認めず、西松建設に全額支払いを命じていた。

最高裁判決は、1972年の日中共同声明を理由に、中国人個人は日本に対して戦争被害について裁判上、賠償を請求することは出来ないとし、請求を棄却した。

その理屈は以下の通りである。

①1951年に締結されたサンフランシスコ平和条約は、個人の請求権を含め、戦争中の行為に関するすべての請求権を互いに放棄することを前提に、日本の各国との戦争賠償処理の枠組みを定めたものである。

②1972年の日中国交正常化の際に発表された日中共同声明も、サンフランシスコ平和条約と同じ枠組みで締結され、個人の賠償請求権は放棄された。

③裁判上、請求は出来なくなったが、個別具体的な請求権について、債務者側による任意の自発的な対応が妨げられるわけではない。被害者の精神的・肉体的苦痛が極めて大きかったこと等にかんがみ、関係者において、被害の救済に向けた努力は期待される。

日中共同声明第5項は「中華人民共和国政府は、中日両国国民の友好のために、日本国に対する戦争賠償の請求を放棄することを宣言する」とある。サンフランシスコ平和条約のように「国及びその国民」という文言が入っておらず、個人の請求権が放棄されたか否かがあいまいな表現となっていた。最高裁判決は、「サンフランシスコ平和条約の枠組み」という理屈で、「個人の請求権も放棄された」との判断を示した。

なお日本政府は、平和条約によって放棄したのは「請求権にかかわる外交保護権」であって、「個人の請求権が消滅させられてはいない」が、国民の「救済はない」という、まわりくどい見解を示してきた。(5) これについては、日本人の戦争被害者に対する補償を回避するための方便という批判もある。かつて、日本の原爆被害者が国に救済を求めた訴訟(6)では、サンフランシスコ平和条約によってアメリカに対する個人の請求権は消滅したので、日本政府が被害者を救済すべきであるとの訴えに対して、政府は「原告が権利を侵害されたことにはならない」などとし、補償要求を突っぱねた経緯がある。２００７年最高裁判決は、「私権を国家間の合意によって制限することはできない」という日本政府見解は退け、個人の請求権は放棄されたとした。ただし、日本政府も従来から「国民の救済はない」としてきたので、結論においては最高裁判決と大差はなかった。

戦後賠償・補償問題の国際的取り決めの骨格をなすのはサンフランシスコ平和条約をはじめとする諸条約であり、その基本原則を踏まえた司法判断であった。

その後、西松建設と元労働者側は和解し、救済基金が設けられた。この最高裁判決以後、戦後補償裁判は、同様の理由で却下されていく。

２００７年判決で言及のなかった韓国については、これに先立つ２００１年の韓国ＢＣ級戦犯裁判に関する最高裁判決が、事実上、請求権の消滅を確認している〔波多野 ２０１５：１３８〕。しかし、２０１２年5月24日、韓国の大法院（日本の最高裁判所に相当）は、二つの徴用工事件の判決において、日本が国家として関与した反人道的不法行為や植民地支配と直結した不法行為による損害賠償請求権は、日韓請求権協定の対象に含まれないとの判断を示し、被告の主張を認めていた原判決を破棄し、差し戻した。２０１８年に原告勝訴が確定した。日本政府は強く反発し、日韓の外交関係に大きな影を落とすこととなった。

２００７年の最高裁判決は、サンフランシスコ平和条約の枠組みが定められた理由について、以下のように述べている。

「平和条約を締結しておきながら戦争の遂行中に生じた種々の請求権に関する問題を、事後的個別的な民事裁判上の権利行使をもって解決するという処理にゆだねたならば、将来、どちらの国家または国民に対しても、平和条約締結時には予測困難な過大な負担を負わせ、混乱を生じさせることとなるおそれがあり、平和条約の目的達成の妨げとなるとの考えによるものと解される」

１９８０年代以降、国際社会では「人権」への配慮が他の価値への考慮に優先し、欧州人権裁判所や中南米の米州人権裁判所では、過去の条約などで決まったことであっても、きわめて深刻な人権侵害があった場合、条約遵守より被害者救済を優先すべきであるという判例が出され、これを支持する学説も出ているという。こうした「人権の主流化」の流れに沿って、韓国の司法判断は出されたとみられる。

しかし、条約を遵守しないことが認められてしまうのなら、国際条約を結ぶことの意義自体が、問われてしまうことになりかねない〔大沼 2015：62─63〕。

最高裁判決は、関係者間で話し合い、被害の救済に向けた努力をすることを期待している。つまり、法的責任は認められないが、当事者が道義的責任を認めて被害の救済にあたることを否定しているわけではない。慰安婦問題解決のために設けられた「女性のためのアジア平和国民基金」（アジア女性基金）の「償い金」は、まさにそのような性格のものだった。基金の運動に携わった国際法学者の大沼保昭は、渋々と行われる損害賠償よりも、害を加えた側が心から深く反省して、被害者に精神的・物質的償いをする方がよいのではないかと述べている〔大沼 2015：138〕。

最高裁判決が示したように、あくまで国際法の枠組みに従って、問題解決をはかるべきである。韓国に対しても、そのことを粘り強く求めていくしかない。

4　日本国民への補償

日本国民の補償問題は、どのような展開をとげたのだろうか。

終戦までは、恩給法に基づく軍人恩給、遺族、負傷者、空襲で財産を失った人々を救済する戦時災害保護法、傷病兵に対する軍事扶助法などが存在した。戦後の連合軍による非軍国主義化政策により、これらの制度は廃止され、一般の社会保障制度（旧生活保護法）の中に解消された。日本が主権を回復した後、戦争犠牲者援護策は、「国との使用関係」「国との特別な関係」に関するものについて積極的に取り上げられていった。軍人恩給が復活、遺族等援護法、留守家族援護法が制定され、戦後補償の基本的骨格が出来上がった。その後、援護策の対象は、海外引揚者、広島、長崎の原爆犠牲者、沖縄戦の犠牲者などにも、段階的に広がっていった。

だが、戦争被害は国民が等しく耐え忍ぶものという受忍論が政策の基本で、多くの補償要求が拒まれてきた。被害救済を求める訴訟が相次いだが、最高裁もこの受忍論を追認している（1968年11月27日大法廷判決）。空襲被害者の救済を求めて2007年に提訴された東京大空襲訴訟も敗訴が確定した。シベリア抑留者の救済を目的とした「平和祈念事業特別基金等に関する法律」、「戦後強制抑留者に係る問題に関する特別措置法」なども慰藉的な性格のものである。

戦争被害は、軍人、民間人、国籍の違いでできる限り区別せず、国の責任で補償するという西欧諸国の原則とは異なっている(7)。

「国との使用関係」にあった外国人についても、国は補償を拒んだ。遺族等援護法は、朝鮮、台湾など植民地出身の人々で、日本国籍を持たない人々については、対象外としたのだった。訴訟も棄却され、最終的には新たな立法措置で救済の道が開かれた。

つまり遺族等援護法は、付則で「戸籍法の適用を受けない者については、当分の間、この法律を適用しない」としていた。旧植民地出身者は戦前・戦中、「日本人」でありながら「戸籍法の適用を受けない」存在であった。厚生省は1962年9月、日本国籍を取得した朝鮮、台湾などの出身者については、国籍を取得した時点から遺族援護法の適用を受けられるとの考えを明らかにした。ただし、朝鮮出身者については、日韓請求権協定が発効した1965年12月18日以後に日本に帰化しても、適用は受けられないことになった。一方、日本に帰化しない在日韓国人も、韓国政府から戦後補償の対象から外されていた。

１９９1年には、在日韓国人の石成基が、旧日本軍軍属として徴用され戦場で右腕を失ったのだから遺族等援護法に基づく障害年金を給付すべきだと1億３９００万円の給付を厚生省に求めた。厚生省が請求を却下すると、翌年、日本国籍を持たないことを理由に却下したのは憲法の定める法の下の平等に反するとして、却下の取り消しを求める訴訟を起こした。1審の東京地裁は立法政策の問題として原告の訴えを棄却、高裁、最高裁と争われたが訴えは認められなかった。２０００年に在日韓国・朝鮮人の戦傷者や戦没者らの遺族に、見舞金を支払う法律が成立、２００1年から施行された[8]。あまりにも遅い立法措置だったと言わざるを得ない。

注

（1）通常、違法行為により他人の権利・利益を侵害して損害を与えた場合に、その損害を補填するため金銭等を支払うことを「賠償」、適法行為や天災などによる損害を償って埋め合わせることを「補償」としている［法令２０２０：９４５：１０８２］。

（2）日本政府の賠償全般に関しては、以下の「賠償並びに戦後処理の一環としてなされた経済協力及び支払い等」（外務省ＨＰ）参照（https://www.mofa.go.jp/mofaj/files/000100328.pdf　２０２1年6月1日閲覧）。

（3）サンフランシスコ平和条約締結前の現物賠償の詳細については、大蔵省［１９８４］参照。

（4）外務省ＨＰ「対中ＯＤＡ概要」（https://www.mofa.go.jp/mofaj/gaiko/oda/data/chiiki/china.html　２０２1年7月27日閲覧）。

（5）　2001年3月22日、参議院外交防衛委員会、海老原紳外務省条約局長答弁「国会」（https://kokkai.ndl.go.jp/txt/115113950X00420010322　2021年5月22日閲覧）。

（6）　1963年12月7日、東京地裁判決は、原告の請求を棄却した。原告の名前から「下田判決」とも呼ばれ、原爆投下は国際法違反としたことで注目された。

（7）　例えば、ドイツでは普仏戦争の時から戦争による一般市民の物的損害が補償の対象となっているという［宍戸2008：131］。なお、宍戸［2008］は、仏英の補償制度も紹介し、日本の現状と課題にも触れていて参考になる。

（8）　台湾人元日本兵も戦争被害の補償を求めて提訴したが、請求は棄却された。1987年に「台湾住民である戦没者の遺族等に対する弔慰金等に関する法律」が施行され、弔慰金か見舞金が支払われた。

第6章

慰安婦問題

1　批判される日本

米カリフォルニア州のグレンデール市の公園に慰安婦の少女像が設置されている。慰安婦像の傍らの碑には次のような説明がある。

「1932年から45年まで、日本軍に連行され、強制的に性奴隷にされた20万人以上のアジア人、オランダ人の女性たちを記憶にとどめるために」

この像は、韓国系の民間団体の主導によって2013年に設置された。2011年にソウルの日本大使館前に設置された慰安婦の少女像と同じデザインで、この種の像を設置する運動が世界各地に広がりつつある。アメリカでは、2007年に米下院本会議が、旧日本軍が若い女性たちを「性奴隷化した」とし、「20世紀最大の人身売買の一つ」として、日本政府に公式な謝罪を求める決議を採択したという経緯もある。

慰安婦とはどのような存在だったのか。日本政府はどのような対応をしてきたのか。なぜ、日本は慰安婦問題をめぐって国際社会から批判され続けているのか。以下、論じていきたい。

2　慰安婦とは

慰安婦とは何か。村山富市内閣の時代に発足し、政府と国民の協力により元慰安婦への償い事業を進めた「女性のためのアジア平和国民基金」（以下、略称の「アジア女性基金」と記す）は、以下のように定義している。

「いわゆる『従軍慰安婦』とは、かつての戦争の時代に、一定期間日本軍の慰安所等に集められ、将兵に性的な奉仕を強いられた女性たちのことです」［村山・和田編 2014：4］。

基金の専務理事を務めた和田春樹によると、「強いられた」とは本人の意に反していたこと、「本人からすれば強制されたことであった」という意味であるという。つまり「過去に売春婦であったか、そういう経験のない娘であったかにかかわりなく、日本軍の慰安所の体験は『強いられた』もの、耐えがたい苦痛だと感じてきた人たち」を指すという［和田 2015：37］。

「慰安婦」か「従軍慰安婦」か、という議論もあるが、戦後の1970年代から90年代にかけて、「従軍慰安婦」が頻繁に用いられてきた。しかし、戦争の時代には、単に「慰安婦」と呼ばれていたため、今日では「慰安婦」を用いるのが一般的となっている。本書では「慰安婦」を用いたい。

日本軍による最初の慰安所は1932年、中国・上海に開設された。前年に勃発した満州事変の戦火は上海に拡大、上海に派遣された海軍陸戦隊が慰安所を開設すると、陸軍もこれに続いた。性病予防、レイプ事件の防止、そして地元の売春婦を通じて軍の機密が漏れることを警戒したのが、設置理由だった。

1937年に日中戦争が始まり、大量の日本兵が中国戦線に投入されると、慰安所の数は一気に増え、内地や朝鮮半島から慰安婦が送り込まれ、慰安婦システムは定着していく。

当時、日本では、政府が売春を一定の基準の下に公認し管理する公娼制度が設けられていた。慰安婦のシステムは、「戦前期の日本に定着していた公娼制の戦地版として位置付けるのが適切」［秦 1999：27］とも言われる。実際、日本国内から中国戦線に送りこまれたのは、公娼の女性たちだった。内務省警保局は1938年2月、局長通達「支那渡航婦女取扱ニ関スル件」を出し、慰安婦の渡航を認めるにあたっては、内地で既に「醜業婦」（売春婦）である21歳以上の女性で親権者が本人の渡航を承諾している事と、条件を示した。「21歳以上」は、日本が加入した「婦人・児童の売買禁止に関する国際条約」（1925年批准）で未成年者に売春をさせることを禁じていたことによる［村山・和田編 2014：9―10］。

慰安婦の募集は、日本の植民地である台湾、朝鮮でも行われた。例えば台湾では1939年、中国南部の海南島を占領した海軍からの要請により、「醜業に従事している年齢21歳以上」(1)の女性たちが業者に連れられて、同島に渡ったという。ただし、日本本土と同じ基準での募集がいつも守られていたかどうかは不明だという［村山・和田編 2014：10］。日本政府は同条約の批准にあたって、植民地を条約の適用外としていた。

朝鮮では、主として軍の依頼を受けた業者が慰安婦の募集を行ったが、甘言を弄し、畏怖させるなどして集めるケースがあったことが確認されている。年齢は16歳、17歳の少女も含まれるなど、21歳以下の女性も集められていた。

例えば、1938年、16歳の時に朝鮮で住み込み女中として働いていた「金田君子」(2)は、「よい働き口があるから」と知り合いに勧められ、中国の慰安所に送られた。抵抗して日本兵から銃剣で胸を刺されたこともあった。現実から逃避するためアヘンを吸うようになり、中毒となって1945年に任務を解かれた［村山・和田編 2014：23］。

1941年12月、日米が開戦すると、戦場は東南アジア、太平洋へと広がった。民間施設を含め慰安所の数は、フィリピン30、ビルマ50以上、インドネシア40以上、南海方面20、沖縄130などと推計されている。慰安婦の総数は、将兵の数から推定するしかなく、研究者によって2万人から40万人まで様々な推定がなされている［村山・和田編 2014：15］。

戦線、占領地の拡大に伴い、現地でも慰安婦が集められるようになった。一部の将兵が軍紀に反して、一般女性を強制的に連行し、慰安婦にしてしまうケースも、中国、フィリピン、インドネシアなどで確認されている。

有名なのが1944年初頭、旧オランダ領東インド（現在のインドネシア）のジャワ島で起きたスマラン慰安婦事件である。ジャワ島中部の町、スマランとアンバラワにあった収容所から、オランダ人女性ら約35人が連行され、スマラン市内の4つの慰安所に送り込まれた。東京から視察に来た将校が、オランダ人からの訴えを受けて軍上層部に伝え、ジャカルタの軍司令部の命令で慰安所は閉鎖され、女性たちも解放された。事件を起こした日本軍将兵は戦後、BC級戦犯に問われ、１９４８年２月、バタビヤ臨時軍法会議は将校1人を死刑としたほか、11人に2年から20年の禁固刑を言い渡した。

オランダ人の強い抵抗により、他の収容所ではこの種の事件は起きなかったといわれるが、オランダ政府の調査報告書は、日本軍の慰安所で働いていた２００―３００人のオランダ人慰安婦のうち、65人は売春を強制されたことは絶対確実としている。

インドネシアでは、地域の区長、隣組の組長を通じて慰安婦の募集が行われ、地域の長老に逆らえない形で、一般女性が慰安所に送り込まれたケースも少なくなかったという研究もある［村山・和田編２０１４：２９］。

フィリピンでは、抗日人民軍に参加していた女性が、日本軍に捕らえられ、レイプが繰り返されるという形で、事実上「慰安婦」にされてしまったというケースも報告されている。

慰安婦制度は、日本軍に特有のものだったのか。秦郁彦は、「兵士の性の問題」への軍の対応として、「自由恋愛」型（アメリカ、イギリス）、レイプ型（ソ連）、慰安所型（日本、ドイツ）の3類型を示している［秦１９９９：１４７―１４８］。アメリカやイギリスでは、当時公娼中心から私娼中心の段階に入っていたこと、故国の女性の監視が厳しかったこと、軍内部にも抵抗があったことから、慰安所は設置されず、私娼の活用が黙認されたり、婦人部隊の兵士やナースに代替の役割が期待されたりしたという。日本進駐にあたっては、占領軍のために公娼を集めた特殊慰安施設協会（ＲＡＡ）が設けられた。ＲＡＡはＧＨＱによってまもなく閉鎖されたが、米兵を相手にした「パンパン」と呼ばれる街娼は後を絶たなかった。

一方、ソ連軍には、慰安所はなかったが、最前線の兵士たちによるレイプが、ソ連占領地のドイツや旧

満州で公然と行われ、憲兵による取り締まりもほとんど行われなかった。(3)

日本と類似の慰安所型が見られたのはドイツである。占領地に国防軍の慰安所が設置され、その数は500か所を超えたとの報告もある［Paul 1996：邦訳 143―64］。

また、秦の分類には入っていないが、ベトナム戦争中、韓国軍兵士が「ライタイハン」と呼ばれる子供をもうけ、現地に置き去りにしたことが問題とされている。その数は5000人から3万人に上るとされ、売春と強姦による場合が多かったと指摘されている。

3 戦後の慰安婦問題の経緯

戦後の長い間、旧日本軍の「慰安婦」の存在が、性暴力や人権侵害の問題として取り上げられることはなかった。元慰安婦たちも、戦後になって自らの過去を積極的に語ろうとはしていなかった。1973年に元毎日新聞記者の千田夏光の『従軍慰安婦――〝声なき女〟八万人の告発』［千田 1973］が刊行されたが、慰安婦の気の毒な身の上を紹介したもので、日本軍や日本政府を告発するものでもなく、ほとんど話題にならなかった。

その後、吉田清治『私の戦争犯罪――朝鮮人強制連行』［吉田 1983］が刊行された。元「山口県労務報国会下関支部動員部長」を名乗る吉田は、同書の中で韓国・済州島で「泣き叫ぶ女を両側から囲んで、腕をつかんでつぎつぎに路地へ引きずり出してきた」などと、「慰安婦狩り」に自らがかかわったことをつづった［吉田 1983：109］。なお、この吉田証言は全く根拠のないものであったことが後に判明する。
韓国でも、元慰安婦たちは自身の過去に口を閉ざしてきた。一方で、誤解も生まれていた。日本統治下の朝鮮半島では第二次世界大戦中、戦時動員の「女子勤労挺身隊」として、若い女性たちが軍需工場に動員されたが、「挺身隊」に行くと「慰安婦」にされてしまうのではないかと不安に思う人々もいた。そのため戦後、韓国人の間では、「慰安婦」イコール「挺身隊」という「挺身隊伝説」が、不確かな記憶の中で定着していった。

梨花女子大学教授、尹貞玉《ユンジョンオク》は、若いころに挺身隊への参加をかろうじて逃れた経験を持ち、慰安婦問題に関心を抱いていた。吉田証言によって慰安婦強制連行が行われたことを確信した尹は、1990年1月4日から、『ハンギョレ新聞』に「挺身隊「怨恨残る足跡」取材記」を連載、韓国社会にセンセーションを巻き起こした〔和田 2015：44〕。尹を代表とする韓国挺身隊問題対策協議会（略称「挺対協」）も結成され、慰安婦問題の追及を始めた。91年8月14日には元慰安婦の金学順が、挺対協の事務所で記者会見して名乗りを上げた[4]。さらに12月には他の韓国人元慰安婦や戦争被害者らとともに日本政府を相手取り東京地裁に提訴した。

日本政府は91年12月から慰安婦関係の資料調査に着手した。

1992年1月11日の『朝日新聞』朝刊一面は「慰安所 軍関与示す資料」という見出しのトップ記事を大きく報じた。中央大学の吉見義明教授が、防衛研究所図書館で、日本軍が慰安婦の募集や慰安所設置を統制、監督していたことを示す資料を発見したという内容だった[5]。軍の関与は今日では常識だが、慰安婦は民間業者が連れ歩いていたという政府の国会答弁を覆すもので、大きな反響をよんだ。1月16

日からの宮沢首相訪韓の直前の記事で、首相は17日の日韓首脳会談で「筆舌に尽くしがたい辛苦をなめられた方々に衷心よりおわびし、反省したい」と謝罪、真相究明を約束した。

4　河野談話とアジア女性基金

1993年8月4日、河野官房長官談話が発表された。慰安所の設置、管理及び慰安婦の移送について、旧日本軍が直接または間接に関与したことを認めた。また慰安婦の募集については、「軍の要請を受けた業者が主としてこれに当たったが、その場合も、甘言、強圧による等、本人たちの意思に反して集められた事例が数多くあり、更に、官憲等が直接これに加担したこともあったことが明らかになった」とした。また、慰安婦の出身地として日本統治下の朝鮮半島が大きな比重を占め、慰安婦の「募集、移送、管理等も、甘言、強圧による等、総じて本人たちの意思に反して行われた」とした。「当時の軍の関与の下に、多数の女性の名誉と尊厳を深く傷つけた問題である」とし、すべての元慰安婦に「心からお詫びと反省の気持ちを申し上げる」とした。

韓国外務部は、全体的な強制性を認定し、被害者に対する謝罪と反省の意を示したものとして談話を評価する論評を発表、韓国の報道もおおむね好意的だった。

河野談話は、元慰安婦に対する心からのお詫びと反省の気持ちをどのように表すかについて、「真剣に検討すべきものと考える」とし、その対応が課題として残されていた。細川内閣、羽田内閣を経て、村山内閣が発足（1994年6月）すると、与党3党（社会、自民、さきがけ）による「戦後50年問題プロジェ

表6-1 アジア女性基金（女性のためのアジア平和国民基金，1995-2007）による償い事業

国民募金など	5億7000万円	→	元慰安婦に一人当たり200万円の「償い金」 フィリピン　211人 韓国　61人（受け取りは60人） 台湾　13人
日本政府	7億5000万円	→	医療福祉支援事業（住宅改善，介護サービス，医療補助等） フィリピン　211人（一人当たり120万円） 韓国　61人（受け取りは60人，一人当たり300万円） 台湾　13人（一人当たり300万円） オランダ　79人（一人当たり300万円）
日本政府	3億8000万円	→	インドネシアでの高齢者社会福祉推進事業（69か所に福祉施設を建設）
内閣総理大臣		→	元慰安婦へお詫びの手紙

（出所）村山・和田編［2014］に基づき筆者作成．

クト・チーム」の下に設けられた「従軍慰安婦問題等小委員会」で、国民参加の基金設立案がまとめられた。与党内には、個人補償を行うべきだという主張もあった。しかし、先の大戦にかかわる賠償や財産、請求権の問題は、サンフランシスコ平和条約やその他の2国間条約で解決済みであって、新たに国家として個人補償は出来ないというのが従来からの日本政府の立場だった。その結果、国家としての個人補償とは別の形で、道義的な責任をとる形で国民的な償いを行おうというのが、基金設立案だった。

この案をもとに、1995年7月、「女性のためのアジア平和国民基金」（略称・アジア女性基金、初代理事長・原文兵衛）が設立された。

アジア女性基金は、国民の募金と政府からの拠出金をもとに、元慰安婦に「償い金」を支払い、また医療福祉支援事業を行った。「総理のお詫びの手紙」「基金理事長の手紙」も渡された。韓国、フィリピン、台湾、オランダ、インドネシアの5つの国と地域が事業の対象となった（表6-1参照）。

これら5か国のほか、中国に対する事業は検討されたが、結局、見送られた。少なくともアジア女性基金の事業が行われている当時、中国政府は、1972年の日中共同声明で戦争賠償の請求を放棄したことを前提に、被害者への支払いは必要ないとの立場をとっていたという〔和田 2015：167―168〕。また、中国人元慰安婦が日本で訴訟を起こし、最高裁でも敗訴の見通しが強まる中、原告側が和解と基金事業の適用をセットで模索し、基金側も受け入れ姿勢だったが、法務省は否定的で、和解も、基金の活用も実現しなかった〔和田 2015：167―69〕。北朝鮮でも、元慰安婦の存在は指摘されてきたが、日本と外交関係がないため、基金の事業は実現しなかった。アジア女性基金は事業を終えて、2007年3月に解散した。

5　慰安婦問題の迷走

日本政府は河野談話、アジア女性基金の設立という形で、慰安婦問題に対応したが、その後、問題はむしろ複雑化し、国際社会の日本に対する批判は強まった。

第一に、アジア女性基金を当初は歓迎していた韓国政府が、正規の戦後補償ではないことを問題とする挺隊協の反発を受けて、「償い金」受け入れに非協力の方針に転じたからである。第二に、河野談話には「強制連行」を認めたかのような表現があり、河野自身、会見で「強制連行」を認めたことが誤解を拡散した。第三に、嘘の吉田証言や、韓国国内での挺身隊との混同などが、国連の場などでも取り上げられていったことがある。第四に、慰安婦に対する賠償問題は日韓請求権協定で解決済みという日本の主張に対して、韓国の司法が異を唱え、韓国政府もこれに縛られてしまった。

挺対協やキリスト教団体を中心とする多くのＮＧＯが、アジア女性基金について「日本政府が法的責任を回避する隠れ蓑」と批判した〔大沼２００７：５３〕。こうした中で、当初は基金を肯定的に評価していた韓国政府も、途中から否定的評価に転換した。韓国政府は、約２００人を元「慰安婦」として認定したが、結局、「償い金」を受け取ったのは60人にとどまった(6)。１９９８年に就任した金大中統領は、アジア女性基金の事業を受け入れないと誓約する元慰安婦に韓国政府が生活支援金などを支給するとした。基金側は、「償い金」と韓国政府の生活支援金は性格が違い、両立できると主張したが、韓国政府は受け入れず、基金の事業は99年には停止状態に追い込まれた。

日本に正式な賠償を求める運動は、在米の韓国系団体にも広がった。２００７年には米下院が慰安婦問題の謝罪を求める決議を行った。同様の決議は、ＥＵ議会でも採択された。「性奴隷」といった批判に日本の保守派などが異を唱えると、国際社会からは「河野談話」を後退させるのかと反論された。保守派からは河野談話の見直しを求める声が上がった。２０１４年には、有識者による政府の検討会が河野談話の検証報告書をまとめた。談話の表現をめぐって、慰安婦募集の強制性を盛り込むべきだとする韓国政府との間で、最後まで緊密な調整が行われていたことが明らかになった。特に強制性をめぐって、日本側が「すべてが意思に反していた事例であると認定することは困難」としたのに対し、韓国側は「一部の慰安婦は自発的に慰安婦になったという印象を与えることはできない」(7)とし、「強制」にこだわった。結局、「総じて本人たちの意思に反して行われた」との表現に落ち着いた。日本側も、調査の結果、官憲による強制連行は確認できなかったとして、談話に「強制連行」という言葉は使わないという一線は守った。河野談話を厳密に読めば、確かに事実に反することは記されていなかった。当時の安倍政権は、慰安婦強制連行の誤解を解くことに精力を注いでいたが、河野談話の見直しは見送った。

なお、河野官房長官は、談話発表後の記者会見で「強制連行の事実があったのか」という質問に対し、「そういう事実があったと。結構です」と述べた。「強制連行を裏付ける記述は見つからなかったのか」との問いには、「強制ということの中には、物理的な強制もあるし、精神的な強制というものもある」と答えた。[8] 河野は後に「集められた後の管理、あるいは仕事に対する命令、そういったものを含めれば、これは明らかに強制性があったと言っていい」[9]とも証言している。河野は「強制連行」を広義の意味で使っていたことになるが、混乱に拍車をかけることにもなった。

虚偽の情報が一人歩きした悪しき事例として、先にも触れた吉田清治の証言が挙げられる。吉田証言は多くのメディアに取り上げられたが、歴史家の秦郁彦が吉田に電話インタビューで疑問点を問いただし、済州島で聞き取りも行い、吉田証言は虚言に間違いないことを明らかにした。[10] 秦の調査が明らかになるまで吉田証言を取り上げてきた朝日新聞は、2014年になって吉田証言に関する16本の記事を取り消し、吉田問題に一応の決着がついた。[11] しかし、1996年に国連人権委員会に提出された「戦時の軍事的性的奴隷制問題に関する報告書」（クマラスワミ報告書）には、吉田証言が引用されている。[12]

吉田証言のほかにも、不確かな情報が広がっている。1998年に国連人権委員会のマイノリティ差別防止・保護小委員会に提出された「奴隷制の現代的形態——軍事衝突の間における組織的強姦、性的奴隷制、及び奴隷制的慣行」（マクドゥーガル報告書）の中で、「第二次大戦中の慰安所にたいする日本政府の法的責任についての分析」を付し、日本政府と日本軍が「性奴隷制を20万人以上の女性に強制」し、「これらの女性の25パーセントしかこのような日常的虐待に堪えて生き残れなかったといわれる」と記した。自民党国会議員の荒船清十郎の選挙区の集会での発言、「朝鮮の慰安婦が14万２０００人死んでいる。日本の軍人がやり《ママ》殺してしまったのだ」に依っていたが、荒船が勝手に並べた根拠のない数字であった［村山・和田編 ２０１４：１６］。

第四の韓国司法の問題は、２０１１年8月に韓国の憲法裁判所が、慰安婦の請求権について、韓国政府が日本と外交交渉しないのは、被害者らの基本的人権を侵害し、憲法違反にあたるとの判断を示したことが端緒となった[13]。これを機に、韓国政府は改めて慰安婦問題の解決を日本政府に求めた。２０１５年12月、日韓両政府は、元慰安婦支援のため、韓国政府が設置する財団に日本政府が10億円程度を基金として一括拠出し、慰安婦問題は「最終的かつ不可逆的に解決される」とすることで合意した。しかし、正規の賠償ではないことに、挺隊協などは反発、韓国の政権が代わると、韓国政府は財団を解散し、合意を事実上反故にした。

6　期待される相互理解

留意したいことは、アジア女性基金の事業が、韓国を除く他の４つの国と地域では高く評価されたことである。しかし、賠償がない限り問題は解決しないとする韓国の慰安婦支援団体の主張が、国際社会に広がり、一部の誤った情報も加わって、残酷な日本、過去を反省しない日本のイメージが広がった。

日韓請求権協定の取り決めから、慰安婦問題について正規の賠償を行うことは、国際法の安定性から考えても受け入れがたい。賠償ではないが、日本の償いの表明として行った「アジア女性基金」の事業は、日本として可能な限りの誠意の表明であった。国際社会の批判に対しては、日本政府の姿勢を丁寧に説明していくことが重要である。

強制連行の誤解を解くことも重要である。勤労動員のような国家が組織的に強制する形で、女性を慰安婦にして動員することが「強制連行」の意味だとすると、そのような事実は確認されていない。ただし、インドネシアやフィリピンなど東南アジアの日本軍の占領地で、一部の軍人らが現地の女性を拉致し、慰安婦とした事実は重い。国際社会が「強制連行」「性奴隷」などと批判する場合、これらの戦争犯罪も念頭にあることは十分認識する必要がある。

アジア女性基金が、道義的責任論に立ち、元慰安婦たちに対する「償い」事業を進めていった頃、国際社会においては女性の人権問題が改めて問い直されていた。ユーゴスラビア内戦では、民族浄化を名目とした集団レイプ事件も相次いでいた。慰安婦問題は、女性の人権、ジェンダーの問題とも深く関わる戦時性暴力の問題としてとらえ直されていた。国連に提出されたクマラスワミ報告やマクドゥーガル報告も、そうした文脈の中で位置づけられる。慰安婦問題は、女性の人権の問題として真摯に考えていかなければならない。それだけに、正確な情報の発信も求められるのである。

注

（1）村山・和田編［2014］のこの記述は、台湾の朱徳蘭編『台湾慰安婦調査と研究資料集』に依る。

（2）後に父は牧師となる朝鮮人、母は日本人で、１９２１年に東京で生まれ、朝鮮に移った。「金田君子」は慰安婦になった時に与えられた名前。１９９７年、基金の償い事業を受け入れた。

（3）例えば、満州・敦化の日満パルプの社宅では、１７０人の婦女子全員を監禁した。昼夜、暴行が繰り返され、23人の女性が青酸カリで自殺した［若槻　１９９５：１２５］。

（4）『朝日新聞』１９９１年8月15日夕刊。

（5）陸軍省と中国に派遣されていた部隊との間で交わされた極秘文書で、業者が慰安婦を募集する際のトラブルが多いので、軍が統制し社会問題が起きないよう配慮すべしなどと指示する通牒案などが含まれていた。

（6）61人に渡すことが決まっていたが、1人は受け取りを拒否した［村山・和田編　２０１４：１８５－１８６］。

（7）河野談話作成過程に関する検討チーム「慰安婦問題を巡る日韓間のやりとりの経緯～河野談話作成からアジア女性基金まで～」、２０１４年6月20日」（以下「経緯」）（https://www.mofa.go.jp/files/000042173.pdf　２０２１年5月22日閲覧）。

（8）前掲「経緯」。

（9）「日本記者クラブ会見　２０１５年6月9日」（https://s3-us-west-2.amazonaws.com/jnpc-prd-public-oregon/files/2015/06/6e4b8f887c67eb679f390ebd07322611.pdf　２０２１年5月22日閲覧）。

（10）『産経新聞』１９９２年4月30日朝刊、及び秦［１９９２］。

（11）『朝日新聞』２０１４年8月5日朝刊。

（12）「クマラスワミ報告書」（awf.or.jp/pdf/0031.pdf　２０２１年5月27日閲覧）。クマラスワミ報告は、朝鮮人慰安婦を対象とした報告で、「慰安婦」を「性奴隷制」の被害者と位置付けた。慰安所制度について日本政府が法的責任を認めること、関係者の処罰などを求めた。アジア女性基金については、歓迎するが国際法上の法的責任を免れさせるものではないとした。

（13）『朝日新聞』２０１１年8月31日朝刊。

第7章　「先の大戦」の断面

「先の大戦」の断面として、南京事件、真珠湾攻撃、沖縄集団自決、杉原千畝《ちうね》、戦争の呼称問題を取り上げたい。

1　南京事件

1937年7月7日、北京郊外の盧溝橋で起きた日本と中国国民政府軍の衝突は、上海に飛び火し、日中の全面戦争に発展した。上海から揚子江沿いに進撃を続けた日本軍は12月10日、国民政府の首都・南京に対する総攻撃を開始し、13日には占領を完了した。蔣介石総統ほか国民政府高官は南京を脱出、住民は南京在住の欧米人らによって設けられた難民区、南京国際安全区（南京城内）に避難した。最後まで南京の防衛に当たっていた国民政府軍は投降した。

この時に日本軍兵士による暴虐行為が相次ぎ、多くの中国人が殺害された。これが「南京大虐殺」あるいは「南京事件」と呼ばれているものである。東京裁判では、中支那方面軍司令官だった松井石根が南京事件関連で唯一責任を問われ「A級戦犯」として絞首刑に処せられた。南京戦犯軍事法廷（戦後、中国国民政府が行ったBC級戦犯裁判の一つ）は、4人の将兵を処刑した。事件当時の第六師団長、谷寿夫中将、同中隊長、田中軍吉大尉、第16師団の向井敏明少尉、野田毅少尉の4名。南京攻略戦に関係した数多くの指揮官で、裁判当時存命している者として、谷が選ばれた。向井、野田は、「百人斬り競争」が問題とされた。

南京事件をめぐっては様々な論争が行われてきた。ここでは①日本軍によって蛮行が繰り返され、多くの中国人が殺害されたのは事実か、②中国側のプロパガンダはあったのか③日本軍の二人の将校が百人斬り競争を行ったという当時の報道は事実か、――の3点に絞って論じたい。結論から言えば、①、②は事実である。③について今日、検証は難しい。将校の遺族らが報道機関などに対して名誉棄損訴訟をおこしたが、裁判所は記事の信ぴょう性に疑問を示しつつも、訴えを棄却した。

第一の日本軍の残虐行為については、日中歴史共同研究(1)の日本側論文の以下の記述が簡にして要を得ている。

「日本軍による捕虜、敗残兵、便衣兵、及び一部の市民に対して集団的、個別的な虐殺事件が発生し、強姦、略奪や放火も頻発した。日本軍による虐殺行為の犠牲者数は、極東国際軍事裁判における判決では20万人以上（松井石根司令官に対する判決文では10万人以上）、1947年の南京戦犯裁判軍事法廷では30万人以上とされ、中国の見解は後者の判決に依拠している。一方、日本側の研究では20万人を上限として、4万人、2万人など様々な推計がなされている。このように犠牲者数に諸説がある背景には、「虐殺」（不法殺害）の定義、対象とする地域・期間、埋葬記録、人口統計など資料に対する検証の相違が存在している」(2)

日本側の研究の、20万人説の一例として、笠原十九司の『南京事件』〔笠原 1997〕が挙げられる。中国側の防衛軍15万人のうち8万余人が捕虜、投降兵、敗残兵の状態で虐殺されたと推測する〔笠原 1997：223―226〕。一方で、民間人殺害は5万人から6万人とするラーベ(3)の推測、埋葬団体の遺体埋葬記録の総計が重複があるにせよ18万8674人に上ること、社会学者スマイスによるサンプリング調査で城内と城壁周辺で1万2000人、近郊区で2万6870人の民間人が殺害されていることを挙げ、「南京事件において十数万以上、それも二〇万人近いかそれ以上の中国軍民が犠牲になったことが推測される」〔笠原 1997：228〕としている。

「4万人」説を主張するのは、秦郁彦である。秦もスマイス調査の結果に若干修正を加えて一般人死者は、2万3000人とし、不法殺害はその2分の1か3分の1と見る。捕らわれて殺害された兵士は3万人とする。これを加えて、3万8000人から4万2000人という数字を挙げる〔秦 2007：214〕。このほか、板倉由明の「2万人」説（不法殺害は1万3000人）などがある。

旧陸士卒業生らで組織する財団法人偕行社は、『南京戦史』を刊行し、その中で撃滅もしくは処断した捕虜や敗残兵、便衣兵の実数を1万6000人と推定した(4)。また、一般市民の被害者数（暴行による死者と拉致）は、「スマイス調査の1万5760人よりさらに少ないものと考える」とした〔南京戦史編集委員会 1989：366；373―374〕。これに先立ち、機関誌『偕行』1985年3月号は、虐殺数

3000―6000人とする説と1万3000人とする板倉説を併記し、「中国人民に深く詫びるしかない。まことに相すまぬ、むごいことであった」(加戸川幸太郎元中佐による総括的考察)とした。この記述に対しては偕行社内部から強い反発の声が上がったとのことで、『南京戦史』はより慎重な表現となっているが、それでも中間派的な立場が堅持されたといえる〔秦 2007：277―79〕。

日中歴史共同研究の論文では言及されていないが、鈴木明『「南京大虐殺」のまぼろし』(1973年)を嚆矢とする、「まぼろし派」とも呼ばれる系譜がある。虐殺があったという主張に対して疑問点を提示して批判するが、「文字どおりまぼろしのゼロなのか、多少はあっても何人くらいなのかについては口をつぐむ傾向」〔秦 2007：275〕がある。(5) 近年では東中野修道が、捕虜の処刑はあったが、あくまで合法的な措置であって、不法殺害はなかったとの主張を展開する〔東中野 1998〕。

ハーグ陸戦協定は、規則23条で「兵器を捨てまたは自衛の手段尽きて降を乞える敵を殺傷すること」を禁止している。なぜ、捕虜は殺害されたのか。多数の捕虜に対する食料の補給、反乱をおこさせないための監視など、日本軍の負担が大きかったことが挙げられる。16師団の中島今朝吾師団長は日記に「大体捕虜ハセヌ方針ナレバ片端ヨリコレヲ片付クルコトトナシ」(12月13日)と記している〔秦 2007：194〕。また、13師団の山田支隊が司令部に問い合わせたところ、松井司令官が釈放を指示したのに対し、長勇参謀が「ヤッチマエ」と指示を出したとの証言もある。(6)

もう一つの処刑は、便衣兵に対するものだ。兵士が軍服を脱ぎ捨てて、民間人になりすませているところを捕らえ、処刑したというケースだ。占領した日本軍にとって、便衣兵は、放置していれば、いつ武器を持って歯向かってくるか分からない危険な存在であったというわけだ。この便衣兵の殺害について、笠原は不法とするが、秦や東中野は合法だという。ただし、秦も、一般人かもしれない人を便衣兵として連れ去って、証拠もなしに殺害したのであれば問題だとしている。

軍中央部は作戦を上海に限定させる予定だったが、松井は独断専行に近い形で南京攻略戦を始めてしまった。軍中央は兵站補給の準備がないため、食料補給などは住民からの徴発に頼らざるを得なかった。やがて略奪に対する兵士の抵抗感もなくなり、民家荒らし、女性への暴行、証拠隠しのための放火とエスカレートしていったようだ。入城式の翌日、12月18日の慰霊祭で松井大将は「一部の兵の暴行によって、一挙にして皇威を墜してしまった」と将兵を叱ったという。外務省東亜局長の石射猪太郎は「上海から来信、南京に於ける我軍の暴状を詳報し来る。掠奪、強姦、目もあてられぬ惨状とある。嗚呼これが皇軍か」［石射 2015：298］と日記（1938年1月6日）に記した。東中野は、掠奪、強姦については、信ぴょう性に欠ける伝聞が多いと主張している。(7) しかし、日本兵による略奪があったという情報を、伝聞という理由ですべて否定するのは無理があると思われる。

第二の中国側プロパガンダに関連して、南京事件を広く世界に伝えたマンチェスター・ガーディアン特派員ハロルド・ティンパーリーが、国民党中央宣伝部顧問だったことが指摘されている［北村 2001：29―36］。日本軍の残虐行為をアメリカなどの国際世論に訴えるための報道を行ったとされる。世界が中国に同情し、英米ソが対日参戦することを中国が望んでいたこと（第1章7節）を踏まえれば、理解しやすい。

このティンパーリー編集の『外国人目撃中の日軍暴行』と中国国民政府軍事委員会政治部編『日寇暴行実録』に掲載の写真には、多くの問題が指摘されている。例えば、『実録』に掲載された日本兵と中国人女性たちが橋を渡る写真には、女性たちが日本の侵略軍に押送され、凌辱、銃殺された旨の説明がなされていた。しかし、1937年11月10日号の『アサヒグラフ』には、「兵士に護られて野良仕事より部落へかへる日の丸部落の女子供の群」とされ、撮影した日本人特派員名も記されていた(8)［東中野・小林・福永 2005：111―113］。

大虐殺を伝える情報の中には、吟味が必要なものも多々あることは留意しなければならない。しかし、そのことを理由に、南京において捕虜の処刑や住民に対する殺害、暴行が全くなかったと主張する根拠にはならないだろう。

「百人斬り競争」は、1937年に『東京日日新聞』（現在の『毎日新聞』）が、向井、野田の両少尉のどちらが先に中国兵を100人斬るか競争したと戦意高揚的なトーンで報道し、その真偽が問われた問題だった。2003年に二人の将校の遺族らが名誉を傷つけられたとして毎日新聞社などを提訴、最高裁まで争われたが、原告の訴えは棄却された。関係者の多くが既に他界しており、事実関係の確定は困難を極めた。この記事の写真を撮影したカメラマンは、法廷で否定的な見解を示した。しかし、東京高裁は「全くの虚偽とは認定できない」とし、最高裁もこれを支持した(9)。

南京事件をめぐっては、記録も不完全で、その実態を正確に描き出すことは難しくなっている。実際の犠牲者数は不明だが、捕虜の処刑が行われたことや、その規模はともかく日本兵の蛮行があったことは事実として確認しておかなければならない。日本軍を批判的にとらえる側と擁護する側の論争を経て、少しでも真実が解明されることを望みたい。

2　真珠湾攻撃

1941年12月8日未明（日本時間）、日本海軍の連合艦隊は米・ハワイの真珠湾を攻撃、停泊中の戦艦「アリゾナ」など湾内の艦艇18隻が損害を被り、死傷者は3500人に達した。爆撃が始まったのは、ハワイ時間の7日午前7時50分（日本時間8日午前3時20分、米東部時間午後1時20分）頃だった。野村吉三郎、栗栖三郎両大使がハル米国務長官に「対米交渉打ち切りの覚書」を手渡したのは、攻撃から約一時間が経過した米東部時間午後2時20分ごろだった。当初は米東部時間午後1時に手渡す予定だったが、途中で変更された。通告が遅れた根本原因は、ワシントンの日本大使館の不手際で暗号解読に時間がかかってしまったというのが長年の通説だった。だが、近年は、陸軍の介入によって外務省の電文発信が遅れてしまったという説も提示されている(10)。

ルーズベルト大統領は、卑劣な騙し討ちと非難した。アメリカがアジアやヨーロッパの戦争に巻き込まれることに消極的だった米国民も、真珠湾攻撃に憤激し、一致結束して戦争を支持した。

しかし、戦後になって真珠湾攻撃めぐって、ルーズベルト大統領陰謀説が、日米の研究者などから、少数意見ながら繰り返し唱えられてきた。とりあえず、本書では陰謀説を以下のような狭い意味で定義したい。

〈ルーズベルトは真珠湾攻撃を事前に知りながら、日本の攻撃を成功させるために、ハワイの太平洋艦隊に何も伝えなかったという説。甚大な損害が生じれば、米世論も戦争支持でまとめられると考えた〉

結論から言えば、ルーズベルト陰謀説の根拠となる史料は見つかっていない。ロバート・R・スティネット『真珠湾の真実』〔Stinnett 2000〕は、陰謀説の決定版かと注目され、日本で一時ベストセラーとなったが、結局、ほとんどの歴史研究者から根拠薄弱と否定された。

スティネット本で注目されたのは、1941年11月15日から12月6日までの間に、米海軍無線監視局が日本海軍の電報129通を傍受していたとの記述だった〔Stinnett 2000：邦訳362〕。ハワイ奇襲部隊指揮官の南雲長官の発信が60通で、「最もお喋りだった」とも記している。ハワイに向かう連合艦隊が発信する無線を米海軍が正確に把握し、真珠湾攻撃をつかんでいたかのような印象を与える記述である。連合艦隊の動きをアメリカはつかんでいなかったとする通説(11)を覆す新発見と見られたのである。

これに対して秦郁彦は、スティネットの主張の根拠は薄弱だと反論し、理由として以下の点を挙げた。①ヒトカップ湾（千島列島エトロフ島）出撃（11月26日）後の発信なのか否かが不明瞭、②4通のみ電文の例示が示されているが、11月26日以前のもので、戦後に解読されたものばかりである、③発信を傍受したというが、傍受と解読は違う〔秦2011：247─53〕。

スティネット本の以前にも、様々な理由から陰謀説が唱えられた。例えばイギリスとドイツの二重スパイだったドゥシュコ・ポポフの証言である。1941年夏、ドイツから真珠湾のあるハワイ・オアフ島の弾薬庫などの調査を、ポポフはドイツから依頼された。日本からの依頼と推察したポポフは、FBIのフーバー長官に、真珠湾攻撃の可能性を伝えたが、二重スパイを嫌っていたフーバーは、相手にしなかったという。

これも、陰謀説の根拠としては薄弱と疑問が呈されている。「日本からの依頼」というのはポポフの思い込みであり、ＦＢＩはドイツのスパイ活動と認識して、オアフ島に関する偽情報ポポフに与えていた。ポポフはその時、ハワイだけではなくアメリカ軍に関する様々な情報収集をドイツから依頼されていた。ドイツなりの理由で、ハワイを含めた米艦隊の情報を収集する必要があったと考えられる。また日本海軍はオアフ島に関する情報を独自ルートで入手しており、ドイツのスパイに依頼する必要はなかった［今野 ２０１１：８９―１００］。

しかし、陰謀説に関連して、以下の事実は確認されている。1941年12月2日、マニラのアジア艦隊司令長官、トーマス・ハート提督は、ルーズベルト大統領から電報で不思議な命令を受けた。3隻の小船をチャーターしてアメリカ船に仕立て、機関銃などを取り付けた上で、それぞれ一人の海軍士官とフィリピン人乗組員を乗せ、インドシナ沿岸などに停泊して、日本側の動きを無線で連絡せよというものだった。結局、任務に就いたのは3隻のうち1隻だけで、その1隻は日本軍機と遭遇したが、無事帰還している。それだけのことであったが、大統領の不思議な指示は、米海軍の調査委員会でも問題とされた。海軍関係者は、この地域の情報収集は、飛行機による偵察で十分であり、大統領命令がなければこのような指示は出さなかったと証言した。出港しなかった1隻に乗船予定だった当時の海軍士官は、日本軍に撃沈させようと画策したもので、日本との戦争を引き起こさせようとしたルーズベルトの陰謀ではなかったかと、戦後、著書の中で疑問を呈した［須藤 ２０１１：７２―７６］。

ルーズベルトが日本との戦争を望み、画策していたことを推測させるエピソードである。アメリカのハル国務長官が、1941年7月の日本軍の南部仏印進駐を機に、日本との交渉に見切りをつけ、国防の準備のための時間稼ぎを始めたことは第1章で触れた。ヨーロッパでは、アメリカの盟友イギリスが、ドイツと必死の戦いを続けており、アメリカの参戦を待望していた。しかし、アメリカ世論は、ヨーロッパやアジアの戦争にアメリカが参加することには否定的だった。大統領選挙の際に、アメリカの青年を戦場に送らないと公約していたルーズベルトは、慎重に参戦の機会をうかがっていた。1941年11月25日の会議の内容を記したスティムソン陸軍長官の日記には、「問題は、いかにしてわが国に甚大な危険を招くことなく、日本が最初に発砲するような状況に導くか、ということだった[12]」[Beard 1948：邦訳 690：693]と記されている。

陰謀説を批判する須藤眞志も、小船の一件については、「被害が少なく、先に日本に一発撃たせる方法」の具体化という疑いは晴れないとしている。もっとも、ルーズベルトが真珠湾攻撃をあらかじめ知っていたなら、このような陰謀は必要ないので、むしろ陰謀説を否定する材料だという[須藤 2011：76—77]。

ルーズベルト陰謀説を、真珠湾攻撃を知っていながら現地に伝えなかった説と、本書では狭く定義したが、「日本に経済的圧迫を加えて挑発し、日本に武力発動させた」という、より広い意味での陰謀説もある。例えば、ルーズベルト批判を繰り返した米共和党下院議員ハミルトン・フィッシュは、攻撃の火ぶたがどこで切られるかわからないにせよ、攻撃対象となる可能性のある地域に警告を発しなかったのは問題だとした。日本に対する最後通牒に等しい「ハル・ノート」を通知したこと、12月6日夜に日本政府からワシントンの日本大使館に送られた暗号を解読して戦争を察知していたことを、議会に国民に伏せていたことも批判した[Fish 1976：邦訳 222—226]。ルーズベルトが日本との戦争を決意し、日本の武力発動を待っていたことは定説となっている。

つまり、ルーズベルト大統領は1941年12月の時点で、日本との戦争は不可避だと判断し、最初の一発は日本に撃たせようと考えていた。ハワイの陸海軍の司令官に対して、厳重な警戒を指示はしていなかった。しかし、ルーズベルトが真珠湾攻撃を事前に把握していたという証拠はない。したがって、ルーズベルトは真珠湾攻撃を知っていながら、ハワイ艦隊を犠牲にしたという陰謀説は、成立していない。

3　沖縄集団自決

1945年3月26日、アメリカ軍は沖縄本島西方の慶良間諸島への侵攻を開始した。沖縄戦の始まりであった。同諸島を占領したアメリカ軍は、4月1日から沖縄本島をめがけて艦砲射撃を行い、18万人を超える部隊が本島に上陸した。米軍の火力攻撃は、「鉄の暴風」と恐れられた。6月23日、沖縄を守備する第32軍の牛島満司令官が自決し、組織的抵抗が終わったが、その後も戦闘は続いた。島に残っていた40万人の県民の4人に1人が死亡[13]、沖縄はいわば日本の捨て石となった。海軍の沖縄方面根拠地司令官だった大田實中将は、自らの最期を前に「沖縄県民斯ク戦ヘリ　県民二対シ後世特別ノ御高配ヲ賜ランコトヲ」と軍中央に電文を送った。

この沖縄戦をめぐって論争となったのが、住民の「集団自決」である。高校の多くの日本史教科書には、「日本軍に強制された」などと記されていた。しかし、2006年度の教科書検定では、6社のうち5社の記述に検定意見がつき、「日本軍」の主語が削られたり、「集団自決に追い込まれた人々もいた」

など受け身の表現に改められたりした。文部科学省は、軍命令の存在を否定する証言が増えるなど、「近年の状況の変化」を理由に挙げた。2005年には、大江健三郎の『沖縄ノート』の中で、集団自決の命令者として批判された元将校らが、大江らを相手取り名誉棄損訴訟を起こしていた。訴訟や相次ぐ証言の背景には、教科書の「自虐的」な記述を「是正」していこうという一部市民の運動もあった。

これに対して沖縄県では大規模な県民集会が開かれ、教科書記述の修正は、沖縄戦体験者の数多くの証言を歪曲するものだと訴えた。第一次安倍晋三内閣の下で行われた検定であったが、2007年9月に政権を継いだ福田康夫首相は「県民の思いを重く受け止めるべきだ」とし、文部科学省は教科書会社から改めて記述訂正の申請があれば、それを認める方針を打ち出した。結局、教科書会社からは、軍の強制があったとする内容に修正する訂正申請が相次ぎ、認められていった。教科書検定が政治に翻弄されているとの批判も出た。本節では、問題を集団自決の事実関係に論点を絞りたい。集団自決は、なぜ行われたのだろうか。

沖縄の集団自決をめぐる議論の中で、主として焦点となったのは慶良間諸島の渡嘉敷島、座間味島をめぐる事案である。両島とも、日本軍将校の命令により、住民は集団自決を強いられたと、沖縄タイムスの『鉄の暴風』は伝えてきた［沖縄タイムス社編 1993：33：41］。

しかし、渡嘉敷島については、作家の曽野綾子のノンフィクション『ある神話の背景』(14)によって、軍命令説が大きく揺らいだ。曽野は、命令を出したとされる将校や島の住民への取材から、集団自決は起きたものの、自決命令が出されたとの証言は引き出せなかったとした。

座間味島については、女子青年団員として日本軍に協力した宮城初枝が戦後、手記を残している。手記は娘の宮城晴美に託され、初枝の死後、ノンフィクション『母の遺したもの』〔宮城　２０００〕の中で紹介された。

手記によると、１９４５年3月25日、米軍の激しい艦砲射撃を受けて、住民たちは逃げまどい、最期の時がきたと覚悟した。村の助役は部隊長を訪ね、玉砕のための弾薬を求めたが、部隊長は沈痛な面持ちで申し出を断った。その場に居合わせた初枝は、「今晩は一応お帰りください。お帰りください」という部隊長の言葉を聞いた〔宮城　２０００：３９〕。初枝はその後、軍から戦闘用の弾薬を運ぶよう指示されたが、その際、別の軍曹から「途中で万が一のことがあった場合は、日本女性として立派な死に方をしなさい」と手榴弾を手渡されたという。一時はこの手榴弾で自決を決意したが不発に終わった。その後も軍の道案内をするなど軍と行動を共にしたが、艦砲射撃を受けて負傷、米軍に保護された。宮城は戦後、島の長老から「部隊長から自決命令があったことを証言するように」と求められた。軍の要請で死亡、負傷した者には補償が行われるためで、厚生省の係官の「命令で自決したと言っているが、そうか」の質問に、「はい」と答えた。悩み続けた母は、集団自決で亡くなった人々の33回忌の日に娘の宮城晴美に真実を告白、その後、元部隊長にも面会し謝罪した〔宮城　２０００：２５０—５３：２６２—２６３〕。

当時は「生きて虜囚の辱めを受けず」という戦陣訓があり、民間人も「いざとなったら自決せよ」と教育されていた。「女性は強姦される、男性は戦車でひき殺される」などと言われ、捕虜になることの恐怖が植え付けられた。各地で自決のための手榴弾が、軍人から住民に手渡された。最期は自決することが当然のこととして住民に受け止められた。そこで、厳密な意味で軍の「自決命令」が出されたかと言えば、史料的根拠に乏しいというのが、文部科学省の言う「近年の状況の変化」だった。

しかし、沖縄戦を体験した多くの県民にとって、「軍の強制の否定」は受け入れがたい見解であった。集団自決せよと教えられ、手榴弾を手渡されたのに、軍命はなかったというのかという反発である。「捕虜となる恐れがあるときは、残る1個で自決せよ」と軍曹に命令されたという渡嘉敷島住民の証言もある。[15] 座間味島でも、村の助役が「軍命令が出た」と話していたという証言も出た。[16]

大江健三郎らが名誉棄損で訴えられた訴訟も、焦点は座間味島と渡嘉敷島における隊長命令の有無だった。半世紀以上前の出来事をめぐる数々の証言の信ぴょう性が争われた。隊長命令について大阪地裁判決は、「自決命令それ自体まで認定することは躊躇を禁じ得ない」[17]とした。高裁判決は、命令について「証拠上断定できない」としながらも、「総体として軍の強制、命令と評価する見解もあり得る」[18]とした。両判決とも、大江らが「真実と信じる相当な理由があった」として名誉棄損の訴えは退けた。最高裁は原告の控訴を棄却した。[19]

結局、隊長命令を示す確たる根拠はなく、司法も隊長命令自体は、はっきりと認定しなかったことになる。ただし、集団自決が当然という教育がなされていた状況があったことは事実であり、それを「強制」や「命令」という言葉で表現することの是非が争われ、司法の場では強制説の側に軍配が上がったということである。この論争は、事実の争いというだけでなく、言語表現をめぐる争いでもあった。[20]

4　杉原千畝

杉原千畝（1900―1986、写真7-1）は、リトアニアに在勤中の1940年、ポーランドから逃れてきたユダヤ人難民に大量の日本通過ビザを発給して、その生命を救ったことで知られている。ユダヤ人迫害を進めるドイツと日本が軍事同盟を結ぶ直前の出来事だった。日本が第二次世界大戦に向かうプロセスの中で、杉原のユダヤ人救済は異彩を放つエピソードである。1930年代、樋口季一郎少将ら一部の軍幹部にもユダヤ人に理解を示す動きがあったが、やがて大勢は反ユダヤ的政策へと傾斜していく。政府方針に反した杉原のビザ発給は、杉原個人の人道主義に加え、インテリジェンス・オフィサー（諜報活動員）としての現場感覚に基づくものであったことが近年明らかになってきている［白石 2015］。

戦後、杉原は外務省退職を余儀なくされ、小さな貿易会社に入りモスクワ駐在員を務めたが、ビザの件については長く口を閉ざしていた。亡くなる前年、イスラエル政府より「諸国民の中の正義の人」[21]として顕彰された時も、日本では無名の存在だった。幸子夫人が『六千人の命のビザ』［杉原 1990］を上梓し、杉原の名は徐々に知られるようになった。2000年10月に河野洋平外相が遺族に謝罪、杉原の名誉は完全に回復された。あまりにも遅い復権であった。以下、杉原のビザ発給を、日本のユダヤ政策の流れとの関連で見ていきたい。

写真7-1　杉原千畝
外務省外交史料館にて筆者撮影.

　杉原が着任したリトアニアは、エストニア、ラトビアと共にバルト海東岸に位置し、「バルト3国」と呼ばれている。歴史、民族、言語は3か国でそれぞれ異なるが、いずれも18世紀にロシア領に編入され、第一次大戦後に独立した。1940年にソ連に編入され、91年に再び独立したことでも共通している。1930年代、バルト3国は、各国の対ソ諜報活動の拠点だった。杉原はリトアニアの首都カウナスに開設されたばかりの領事館に、副領事としてただ一人派遣された。1939年5月に勃発したノモンハン事件で日本は苦杯をなめ、バルト3国における対ソ情報網強化が必要となったためとみられる。杉原の着任の5日前の1939年8月23日には、独ソ不可侵条約が締結されていた。9月1日にドイツがポーランドに侵攻、イギリスとフランスがドイツに宣戦布告し、第二次世界大戦が始まった。ポーランドはドイツとソ連によって分割され、ポーランドと隣接するリトアニアも1年後にはソ連に編入される。杉原もわずか1年の勤務だったが、ポーランドからリトアニアに逃れてきていた旧ポーランド軍将兵やユダヤ人難民らは、杉原の諜報活動にとって重要な情報源でもあった。

写真7-2　カウナスの領事館前でビザ発給を求めて列を作るユダヤ人たち

外務省外交史料館にて筆者撮影.

リトアニアのソ連編入が決まった直後の1940年7月18日、将来を案じたユダヤ人たちは国外に脱出するビザを取得しようと、日本領事館前に朝から長蛇の列を作っていた。杉原は苦慮の末、大量の日本通過ビザを発行する。避難先の国までの旅費と日本滞在時に必要な相当の携帯金を持っていること、行先国の入国手続を事前に完了していることが、ビザ発給の条件だった［阪東 2002：404］が、杉原はソ連のリトアニア併合という特殊事情などを理由に、特殊措置として査証を交付した旨、松岡洋右外相宛に報告した〔白石 2015：218：226—28〕。松岡は、「貴電のような扱いをした避難民の後始末に困っている」と半ば叱責に近い訓電を発し、以後、訓電の指示に従うことを求めている〔阪東 2002：171〕。杉原からビザの発給を受けたユダヤ人難民たちは、シベリア鉄道を経てソ連の極東の港、ウラジオストックに到着、船で敦賀港に入った。横浜や神戸から、再び船でアメリカや中国・上海などに向かった。しかし、日本に入国後、渡航先への入国手続きが出来ない、旅費が不足しているなどの理由から、なかなか離日しないユダヤ人もおり、日本政府を困惑させた。

杉原は、法令違反ぎりぎりの線で、ビザ発給し続けた理由について次のように述べている。「全世界に隠然たる勢力を有するユダヤ民族から、永遠の恨みを買ってまで、旅行書類の不備とか公安上の支障云々を口実に、ビーザを拒否してもかまわないとでもいうのか？それが果たして国益に叶うことだというのか？。苦慮の揚げ句、私はついに人道主義、博愛精神第一という結論を得ました」〔杉原 1996：301〕。

杉原は、カウナス離任後、プラハ勤務を経て、ドイツ東部の情報収集の重要拠点、ケーニヒスベルクの総領事代理に就く。ビザの一件はあったが、親独派の松岡や大島駐独大使からも、杉原の能力と功績は認められていた〔阪東 2002：173〕。

杉原のビザ発給の3年前、1937年12月に満州国のハルビンでは第一回極東ユダヤ人会議が開かれている。ハルビンにはソ連から逃れてきた1万人を超えるユダヤ人が生活していた。関東軍特務機関長、樋口季一郎少将がこれに出席し、祝辞の中で「共に王道楽土の平和郷建設に協力したい」とした上で、パレスチナにおける国家建設にも理解を示し、ユダヤ人たちに感銘を与えた。ドイツから外務省に抗議があり、外務省を困惑させたが、樋口は「日本を属国視する以外の何ものでもない」と反論、関東軍参謀長の東条英機もこれに同調したという。翌38年3月、満州国に入国を拒否されていた多数のユダヤ人難民（樋口によると1万人内外）について、満州国幹部に「ドイツの悪ないし非の行動に同調すべきではない」と働きかけ、受け入れさせている［樋口 2020：146―48］。

当時、軍部ではユダヤ通の犬塚惟重海軍大佐、安江仙弘陸軍大佐らが、ユダヤ資本を重視する立場からユダヤ人の活用を模索していたが、樋口の行動は、利害打算を越えるものだったと言える。

杉原や樋口のような大局的な判断を下せる人々が主流となっていたなら、歴史の展開もまた違ったものになっていたのではないだろうか。

5　戦争の呼称

大本営政府連絡会議は1941年12月10日、「今次ノ対米英戦争及今後情勢ノ推移ニ伴ヒ生起スルコトアルヘキ戦争ハ支那事変ヲモ含メ大東亜戦争ト呼称ス」と決定した。12日の閣議で正式決定された。情報局は、「大東亜新秩序建設を目的とする戦争」を意味しているのであって、戦争地域を大東亜のみに限定するわけではないとも発表した［防衛庁防衛研修所戦史室 1970：192］(22)。

海軍は「太平洋戦争」「対英米戦争」を提案していた。新たな戦争は対米戦争であり、主戦場は太平洋であり、そこに全国力を傾注しなければならないという考えによっていた。これに対して陸軍は、日本は米国を屈服させる戦略を持ち合わせていないという海軍側の見解を踏まえれば対米作戦は長期持久の戦になるのだから、戦力の余裕は、勝つ可能性のある中国やアジアの英国軍に向けて投入すべきだと主張したという。

終戦後の１９４５年12月15日、ＧＨＱは神道指令を発令し、公文書において「大東亜戦争」を用いることを禁止した。これに先立ち12月８日からは、各新聞に連合軍司令部提供の「太平洋戦争史――真実なき軍国日本の崩壊」の連載が始まっていた。

ＧＨＱは、言論統制を通じて「太平洋戦争」の呼称を普及させていった。

占領統治が終わった後、『大東亜戦争全史』〔服部 １９５３〕、『大東亜戦争肯定論』〔林 １９６４〕、「大東亜戦争の思想的意味」〔上山 １９６１〕、など、注目の著作、論考に「大東亜戦争」が用いられていったが、国民の間には定着しなかった。

１９５０年代半ば、哲学者の鶴見俊輔が「15年戦争」と呼ぶことを提唱した〔鶴見 １９５６〕。１９３１年９月に始まる満州事変から１９４５年８月の終戦までの15年間に及ぶ戦争ととらえたことによる呼称だった。しかし、この期間は厳密には14年にも満たない上、満州事変は１９３３年の塘沽《タンクー》停戦協定により、いったん正規の戦闘は終結している。満州事変と日中戦争を連続した戦争ととらえるか否かをめぐっては論争がある。

教科書検定訴訟で知られる歴史家の家永三郎は『太平洋戦争』[23]を刊行、この中で「大東亜戦争」の呼称は「断じて不可」とした。「太平洋戦争」は、中国戦線やマレー以西の戦線を包含する戦争の呼称としては適当ではなく、厳密には「十五年戦争」と呼ぶべきものであるが、まだ「世間のすべての人たちに理解されるだけの通用性」がないため、次善の方法として「太平洋戦争」を書名に用いたと説明している［家永 2002：ix―x：4］。

1980年代半ばには、副島昭一から「アジア太平洋戦争(24)」、木坂順一郎から「アジア・太平洋戦争」［木坂 1985：338―339］が提起された。

ただし、当時のアジアは中国とタイを除けばほとんどが植民地であり、日本がアジア諸国と戦ったわけではないという批判もある。

木坂は、「アジア・太平洋戦争」を四重構造を持った複雑な戦争と位置付けている。①東南アジアに広がる英米仏蘭の植民地奪取を企てた帝国主義戦争、②朝鮮・台湾・満州・中国および東南アジア占領地の諸民族による抗日民族解放戦争、③ソ連の対日宣戦布告による日ソ戦争、④ファシズム諸国に対して民主主義国と被侵略民族が団結して戦った戦争――というわけだ［木坂 1988：382―383］。

欧米では「The Second World War」（第二次世界大戦）が定着しているが、1939年9月のドイツのポーランド侵攻、英仏両国の対独宣戦布告が始まりのため、それ以前に始まっていた日本と中国の戦争は抜け落ちてしまう（図7-1）。

毎年8月15日に行われる政府主催の全国戦没者追悼式の天皇の「お言葉」としては「さきの大戦」が定着している。なお、全国戦没者追悼式では、1937年の盧溝橋事件以降の戦没者が追悼の対象となっている。

読売新聞は、戦争責任の検証の過程で、戦争の呼称がなかなか定まらないことを報じ、「昭和戦争」を提起した［読売 2009b：230］。

なお、今日では定着した呼称である「日中戦争」についても、名称の変遷がある。

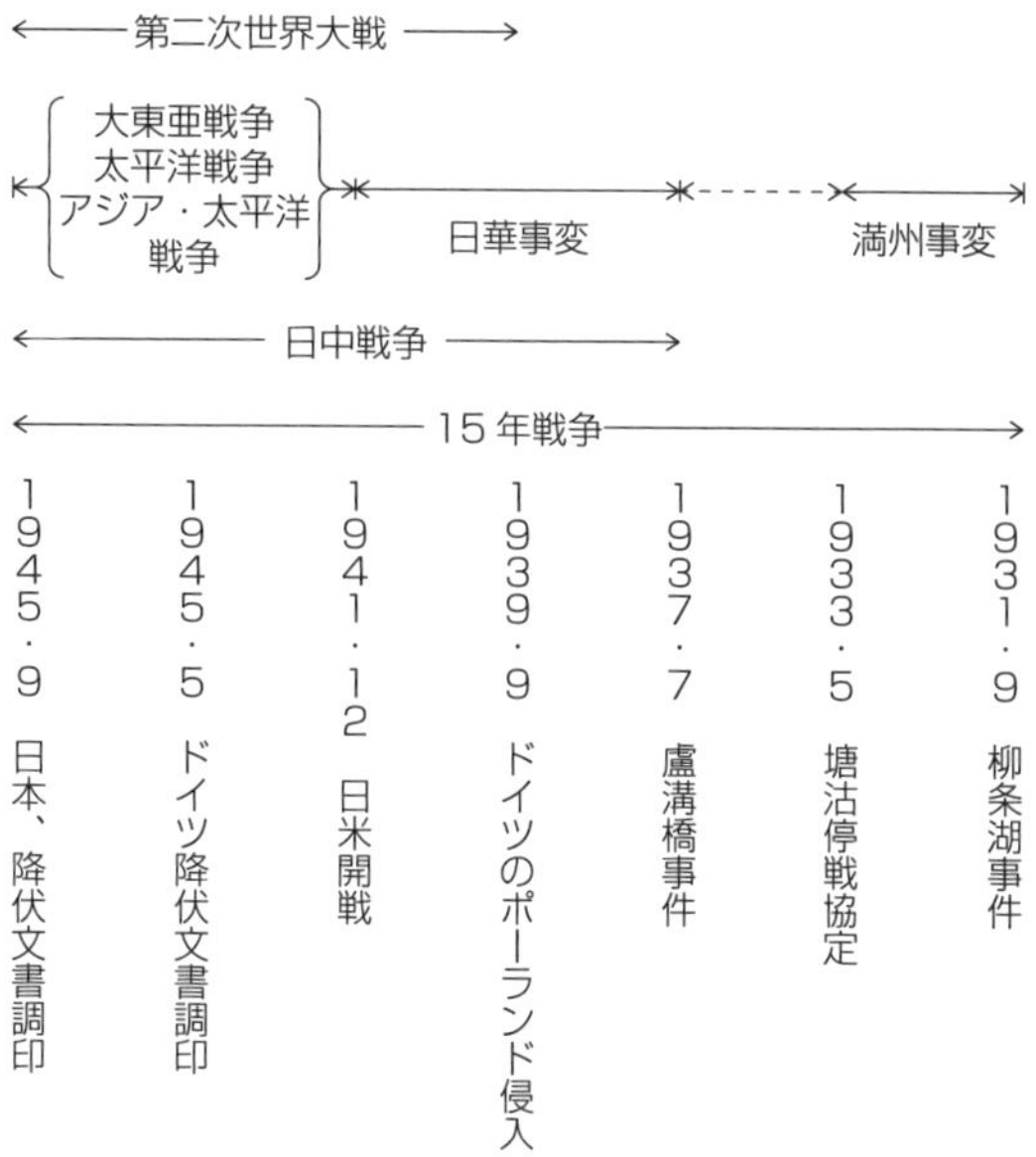

図7-1 戦争呼称表

（出所）読売［2009a：208］.

1937年7月7日の盧溝橋事件の4日後の7月11日、当時の近衛内閣は「北支事変」と命名、戦線が上海に広がった後の9月2日には「支那事変」に改められた。日本も中国国民政府も、日米開戦前までは宣戦布告を行わなかった。宣戦布告により、国際法上、正式の戦争となると、軍需物資の禁輸などを定めた米国の中立法の適用を受け、日本は金融上の取引制限、中国は兵器の輸入禁止などの措置がとられる可能性があったためだった。

戦後、日華事変と呼ばれ、さらに日中戦争の名称が定着していく。

6 歴史の見方

「先の大戦」をめぐるいくつかの焦点を、

「断面」として見てきた。「南京事件」と「集団自決」は、史実をいかに表現し伝えていくかの争いでもあった。南京事件の犠牲者数は究極のところ分からないが、日本軍による捕虜の処刑などが行われた事実は、虐殺否定論者も認めるところである。中国の主張する「死者30万人以上」は、科学的な主張というより、中国の正当性をかけた政治的な、そして不動の主張である。沖縄集団自決の「強制」「命令」も、厳密な意味で命令の有無より、日本軍の非を認めるか否かの「踏み絵」的なキーワードではないかと思われる。かつて中国の日本思想研究者、孫歌は、「感情の記憶」という言葉を用いて、南京事件などをめぐる議論の混迷を分析した。問題の核心は、事実が何か、にあるのではなく、日中双方の記憶と感情の行き違いが両国の狭隘な民族主義を刺激しているという見立てだ(25)。集団自決をめぐる論争も、これとよく似た構造が読み取れる。一方は、客観的な数字、事実関係を求め、他方は、謝罪と反省の気持ちを込めた言葉（数字）でなければ、受け入れようとしない。そこにすれ違いが生じてしまうのは、人間の業《わざ》なのだろうか。

戦争の呼称をめぐる論争も、言葉をめぐる論争ではある。しかし、これは事実をめぐる論争ではなく、歴史解釈をめぐる論争であることが誰にでも理解できるだけに、冷静な議論がなされてきたと言ってい い。

真珠湾攻撃をめぐるルーズベルト陰謀論争は、客観的事実をめぐる論争であり、新史料が発見されない限り、学術的にはほぼ決着がついたと言ってよいのではないか。単なる推論によって、根拠のない陰謀説が独り歩きするのは、不幸なことである。

杉原千畝は、今日の日本において論争的なテーマではない。しかし、戦後、外務省を退職した杉原は長い間不遇で、ビザ発給の事実が注目されることもなかった。冷静な議論の積み重ねによって、杉原千畝像がさらに解明されていくことを期待したい。

注

（1）２００６年、安倍晋三首相と胡錦濤国家主席の間で、歴史共同研究の実施について意見が一致し実現した。歴史に対する客観的認識を深め、相互理解の増進を図ることが目的で、日中双方の有識者各10名による委員会が設置され、２００６年から２００９年まで計4回にわたり全体会合が開かれた。

（2）「日中歴史共同研究日本語論文」（https://www.mofa.go.jp/mofaj/area/china/pdfs/rekishi_kk_j-2.pdf　２０２１年5月23日閲覧）。

（3）ドイツ・ジーメンス社の南京支社長で、日本軍が南京を占領した際には、現地に滞在する外国人が中国人保護のために組織した国際安全区委員会の代表を務めた。その日記［Rabe 1997］は、当時の現地の状況を伝える貴重な資料となっている。

（4）撃滅、処断は概して戦闘行為の一環として処置されたものであるとした。ただし、指揮官の状況判断、決心の経緯を示す戦闘詳報、日記等の記述はないので、当、不当の考察は避けたとしている。

（5）鈴木は、「南京事件」について「中国側に、軍民合わせて数万人の犠牲者が出たと推定されるが、その伝えられ方が当初からあまりに政治的であったため、真実が埋もれ、今日にいたるもまだ、事件の真相はだれにも知らされていない……」と記す［鈴木 １９７３：２６８］。

（6）松井大将の副官、角良晴少佐の証言［秦 ２００７：１４３］。

（7）東中野は、松井大将の慰霊祭での発言は、強姦、略奪を指し、日本軍に通報された強姦事件は10件前後としている［東中野 １９９８：２５８―６４］。なお、東中野は、南京事件当時の映像記録に残る「8歳の少女」として被害証言を続ける中国人、夏淑琴について、「8歳の少女」とは「別人と判断される」と指摘した［東中野

１９９８：２４７―２４８］。夏淑琴が提訴し、原告勝訴が確定した（２００９年２月６日最高裁第一小法廷決定）。

（８）同写真のキャプションの誤りを最初に指摘したのは秦郁彦。「日本兵に拉致される江南地方の中国人女性たち」として同写真を掲載した笠原［１９９７］は、誤用した写真を差し替えた［笠原 １９９９：２２０］。東中野・小林・福永［２００５］は、その他、当時から流布している多くの「虐殺証拠写真」を検証し、誤りを指摘している。

（９）２００６年12月22日、最高裁第２小法廷。２審の東京高裁判決（２００６年５月25日）は、将校の一人が母校で中国兵を斬ったという話をするのを直接聴いたという証言（志々目彰「日中戦争の追憶〝百人斬り競争〟」『中国』１９７１年12月号）などを判断の根拠とした［笠原 ２００８：２０３―２０４］。

（10）１９４１年12月７日に米大統領から天皇への親電が送られた。親電押収と解読の謀略工作を進めた陸軍は、対米通告に親電に対応する所要の修正を加えるまで、通告の最後の14部と13部までの誤字脱字の訂正電報の発信を保留させた。その結果、ワシントンの日本大使館への対米通告の発信が遅れたという［井口 ２００８：２３８―４０］。

（11）日本海軍機動部隊の暗号は、当時解読されておらず、また海軍は発覚を恐れて、ヒトカップ湾からハワイに向かう航海中は無線封止していたとされてきた。

（12）スティムソンは、１９４６年に米連邦議会で、「アメリカ国民の全面的な支持を得るには、誰の目にもどちらが侵略者なのか疑いの余地を残さずはっきりさせるために、それをするのが間違いなく日本であるようにするのが望ましいことにわれわれは気が付いた」と証言している［Beard 1948：691］。

（13）一般県民９万４０００人、沖縄県出身軍人軍属２万８２２８人、他都道府県出身兵６万５９０８人、米兵１万２５２０人の計約20万人が死亡した（https://www.soumu.go.jp/main_sosiki/daijinkanbou/sensai/situation/state/okinawa_04.html　２０２１年５月31日閲覧）。

（14）１９７３年に文藝春秋より刊行。後に『「集団自決」の真実 日本軍の住民自決命令はなかった！』［曽野 ２００６］と改題された。

（15）『朝日新聞』１９８８年６月16日夕刊。当時、村役場で兵事主事を務めた富山真順の証言。ただし、軍命令は巡査を通じて村長に伝えることになっていたと村長は証言しており、巡査は軍命令があったことを否定した［曽野

２００６：１４３：１４５－４７］という。
(16) この証言が出たことなどを理由に、『母の遺したもの』［宮城 ２０００］は新版に改められた。宮城晴美は、新証言が出たことで軍命の存在が明らかになったとし、母の体験もより広い視野の中で検証をすすめていくべきだとしている［宮城２００８：３０７］。これに対し、この新証言の信ぴょう性を問う意見もある。
(17) ２００８年３月28日大阪地裁判決。
(18) ２００８年10月31日大阪高裁判決。
(19) ２０１１年４月21日最高裁第１小法廷決定。
(20) 集団自決という言葉自体、住民自らが死を選んだと誤解させるとして、「強制集団死」という言葉が用いられたり、カギ付きで「集団自決」と表記されたりすることもある［謝花 ２００８：x］。
(21) ホロコーストに抵抗し、命がけでユダヤ人の生命を救ったユダヤ人以外の人々に授けられる賞で、日本人では杉原が唯一、列せられている。
(22) 第２章８節参照。
(23) 初版は１９６８年に岩波書店より刊行。本書の引用は、第２版を底本とした岩波現代文庫版［家永 ２００２］に基づいている。
(24) １９８４年12月のシンポジウムで副島が「アジア太平洋戦争」というのが正しいと発言、同席していた木坂はその後、この発言を踏まえ「アジア・太平洋戦争」を提案したという［木坂 １９８８：３７２］。
(25) 孫歌は、「中国の知識人が、感情の記憶イコール被害者の怒りと考えるのを止めたとき、感情の記憶は、この種の怒りも含め、ようやく我々の思想資源となるだろう」と述べている［孫 ２０００：１７０］。

第8章 ドイツの歴史問題

1 日本との比較

第二次世界大戦において枢軸国だったドイツと日本の戦後がしばしば比較される。戦後の国際軍事法廷で、侵略戦争や残虐行為が指弾され裁かれたこと、過去とどう向き合うか、その姿勢が国際社会から問われ続けてきたことが共通項として挙げられる。一方で相違点もある。ドイツの場合、ユダヤ民族抹殺というナチスの独自のイデオロギーに基づく政策が実行された。戦後ドイツは、冷戦終結まで東西に分断されたため、賠償や補償の在り方も日本とはおのずと異なった。将来の統一ドイツが国際社会に認知されるためにも、ナチス時代との決別は当然の課題であった。以下、占領政策、戦犯裁判及びその受け止め方、戦後賠償・補償、政府の歴史認識などの視点を軸に、日本のケースと比較してみたい。なお、冷戦時代のドイツは東西に分断されていたが、本書ではドイツ連邦共和国（西ドイツ）に焦点を当てたい。ドイツ帝国、ワイマール共和国、第三帝国と続くドイツの正当な継承者として自らを定義したのは西ドイツであり、東ドイツは、ナチの「第三帝国」との国家としての連続性を認めなかったからである〔武井2017：24〕。冷戦期の西ドイツについては、原則としてドイツ連邦共和国、または連邦共和国（政府の場合は連邦政府）と表記したい。

2 占領政策

1945年6月5日、米英仏ソの4か国の軍司令官は、降伏したドイツを4地域に分け、4か国で分割共同統治を行うことを宣言した。ドイツ政府は最高指導者ヒトラーの自殺で機能不全に陥っており、連合国による軍政は必然的であった。米英ソの3首脳は、1945年7月17日から8月2日までベルリン郊外のポツダムで会談を行い、ドイツ軍解体、戦争犯罪人処罰、ナチと軍国主義者の追放、労働組合と民主主義政党の認可、オーデル・ナイセ川以東のドイツ東部領をポーランド、ソ連の管理下に置くことなどを決めた。

このポツダム会談で、日本に対する降伏勧告「ポツダム宣言」も米英両国でまとめられ、中国を加えた3か国によって7月26日に発表された(1)。日本軍解体、戦争犯罪人処罰、軍国主義者の権力からの排除など、ドイツに対する占領政策と多くの点で共通していた。日本がポツダム宣言受諾を表明すると、米英中ソ4か国による日本分割占領案も作成された(2)。しかし、連合国軍最高司令官のマッカーサーは、アメリカ単独で日本の全域を掌握することを望んだ。本土決戦が回避され米軍の消耗も少なかったことから、分割占領の方針は撤回された。日本に対する直接統治は、当初は既定路線となっていたが、英政府の意向により間接統治に方針を転換した[3]。日本が降伏文書に調印した直後、米陸軍省の意向で再び直接軍政が敷かれるとの情報が流れたが、「ポツダム宣言を超ゆるもの」という日本政府の抗議により、マッカーサーは直接統治案を撤回した［重光 1986：540－42］。

3　戦犯裁判

1945年11月20日、ナチ指導者を裁くニュルンベルク国際軍事裁判（以下、IMT）が開廷した[4]。米英仏ソ４か国から首席検察官各１名、裁判官各２名がそれぞれ選出された。裁判長は、イギリスのジェフリー・ローレンスが務め、検察はアメリカのロバート・ジャクソンが主導した。ヒトラーをはじめナチ幹部の多くは既に死亡していたが[5]、ナチ党ナンバー２の実力者、ヘルマン・ゲーリングはじめ24人が起訴された[6]。共同謀議、平和に対する罪、通例の戦争犯罪、人道に対する罪が訴因とされた。

46年9月30日と10月1日の2日間にわたって最終判決が言い渡された。ゲーリング、元外相リッベントロップら12名に絞首刑、ナチ党総統代理だったルドルフ・ヘスら3名に終身刑、ヒトラー政権誕生前から外相を務めていたノイラートら4名に10－20年の有期刑、3名に無罪が言い渡された[7]。

この裁判で起訴されなかった重要な戦争犯罪人を裁くため、続いてアメリカ単独の軍事裁判として、ニュルンベルク継続裁判（以下、継続裁判）が開廷した。軍人、官僚のほか、人体実験を行った医師、強制収容所に拘束された人々を強制労働させた企業家ら計185人が起訴され、25名に死刑、20名に無期刑、97名に有期刑が言い渡された。このほか英米仏の占領地及び、戦争に関わった多くの国で多数の戦犯裁判が個別に行われたが、そのほとんどがユダヤ人虐待に関わる罪だった。

東京裁判では、英米仏ソのほか、オランダ、インド、フィリピンなどを加えた計11か国から判事、検事が各1名ずつ選ばれた（第3章参照）。中立国は除外され、連合国のみによる裁判という点ではニュルンベルク裁判と共通していたが、判事団の規模が大きかっただけに意見対立も激しく、4人の判事が多数派の判決に異を唱えるありさまだった。28人がＩＭＴとよく似た訴因で起訴されたが、ユダヤ人に対する大量虐殺その他非人道的行為を裁くことを想定して作られた「人道に対する罪」は、判決では適用されなかった。継続裁判に相当する法廷は、日本では開かれなかった。一方で、通例の戦争犯罪を裁くＢＣ級戦犯裁判が国内外で行われた。(8)

4　戦犯裁判の受け止め方

ドイツ人は、ナチスの少数の指導者の断罪は受け入れても、連合国の厳しい制裁が国防軍や国民全体に及ぶことには反発した。キリスト教会は、連合国の一方的な制裁がドイツ人の自発的な反省を妨げていると批判した。ＩＭＴについて１９４６年に連邦共和国で行われた世論調査では、「フェア」との回答が全体の78％を占めていたが、50年の調査では38％にとどまった。連合国の占領政策全体が「勝者の裁き」として意識され、批判的な意見が増えたものとみられる［Weinke 2006：邦訳　１５８―６２］。

日本では、東条英機元首相が「Ａ級戦犯」の象徴的存在だった。逮捕される際に自殺を試み失敗した東条に、国民は冷ややかだった。しかし、裁判が始まり、東条がキーナン主席検事と堂々とわたりあうと、一時的な「東条人気」がわきおこる。１９５５年に内閣総理大臣官房審議室が実施した世論調査によると、日本の指導者が戦争裁判にかけられて処罰されたことについて、「当然」が19％、「仕方がない」が66％を占めた。「負けてもああいうことはひどいやり方だと思いますか」との問いには、63％が「ひどすぎた」、31％が「そうは思わない」と回答した〔吉田 ２００５：４５−４６〕。当時の日本人にもドイツ人にも、意識の底流に「勝者の裁き」に対する反発があったといえるであろう。

しかし、戦犯裁判に対する日独の政府対応は対照的であった。サンフランシスコ平和条約11条には、日本国が東京裁判及びその他の戦犯裁判を「受諾」し、連合国の占領終了後も刑の執行を引き継ぐことが明記された。ただし、連合国側の了解があれば、赦免、減刑、仮出獄が認められた。禁固刑で収監された「Ａ級戦犯」は、１９５６年３月31日を最後に全員〈病死者を除く〉が仮釈放された。１９５８年には「ＢＣ級戦犯」も全員が自由の身となった。

これに対して、１９４９年に成立したドイツ連邦共和国はＩＭＴをはじめとする戦犯裁判を公式には受け入れなかったのである。サンフランシスコ平和条約が調印されたころ、連邦共和国と英米仏の間でも、戦犯の自主管理や、減刑、釈放などが協議された。連邦共和国のアデナウアー首相は、あくまで判決承認が義務付けられないことを条件とした。このころアデナウアーは、ローマ教皇ピウス２世に書簡を送り、戦犯諸判決について中立国の法律家たちが参加した再審査が行われるよう尽力してほしいとも要望している〔芝 ２０１５：２４５−４７〕。しかし、判決の否認は、連合国としては到底受け入れられない一線であった。１９５５年に連邦共和国は主権を回復したが、結局、戦犯の管理は連合国が引き続き行うこととなり、日本方式は採用されなかった。それでも東西冷戦を背景に継続裁判の受刑者に対して恩赦、早期釈放が行われた。日本の「A級戦犯」に相当するIMTの受刑者も、高齢を理由に一部釈放された。1987年、最後の受刑者となったヘス（終身刑）が93歳で自殺し、ベルリン・シュパンダウの連合国戦犯刑務所はその役割を終えた〔Weinke 2006：邦訳 83〕。

なお、連邦共和国最高裁は1958年9月9日、「いわれているところの戦争犯罪人に関する外国の有罪判決を認めていない」ことを確認した〔芝 2015：247〕。これに対し、日本は戦犯裁判の判決を「受諾」する一方で、国内法上の犯罪者扱いはしないというスタンスをとっている。日本の戦犯も、国内法的には「刑死」ではなく「公務死」の扱いを受けている。ドイツが「受諾せず」で通したのに対し、日本は独自のレトリックで対応したということだろう。

5　ナチ犯罪の追及

戦時下、ドイツ国外で行われた残虐行為は戦犯裁判で裁かれた。これに対して、ドイツ国内で行われたユダヤ人に対する殺人、暴虐行為などは本来、ドイツの国内刑法で裁かれるべきものであった。しかし、ナチ体制下では「総統の意思」によって正当化されたこれらの行為は、訴追を免れていた。戦後、被害者の告訴などによって訴追が進められていったが、暴力や器物損壊、密告など比較的軽い犯罪が多かった。ホロコーストについては、加害者の特定が難しかった。刑免除法（1949年、54年）により軽罪が恩赦の対象となり、また「人道に対する罪」が適用除外となった(9)（1952年）ことから、起訴件数は減っていった。1950年代のドイツ司法界は、ナチ時代にも裁判官だった人々がそのまま残っており、ナチ犯罪の追及に消極的だったともいわれる〔武井 2017：120〕。

しかし、転機となったのは、アイヒマン裁判とこれに続いたアウシュビッツ裁判であった。1960年5月、アルゼンチンでホロコーストの実行責任者ナンバー2、アドルフ・アイヒマンがイスラエルの工作員に拘束され、「ナチと協力者の処罰法」によりイスラエルの法廷に起訴された。ドイツ連邦政府は、ドイツの司法で裁く方針で身柄引き渡しを求めたが、イスラエルは拒否した。1948年建国のイスラエルは、ナチ犯罪者を裁くためにこの法律を制定したが、ホロコーストはこの法が制定される以前に起きており、同法による処罰は、「事後法禁止の原則」に反する。連邦政府は、「事後法の禁止」を理由に、連合国による戦犯裁判に厳しい批判を浴びせてきた。しかし、連邦政府は、イスラエル司法による裁きについては容認し、事後法との批判は控えることとした。ユダヤ人の国イスラエルに特別配慮した政治的判断であったと見られる〔石田 2014：156〕。アイヒマンは1961年12月15日、死刑が宣告され、翌62年5月、処刑された。

アイヒマン裁判は世界の注目を集め、忘れられかけていたホロコーストの記憶を改めて蘇らせることになった。西ドイツ国内でも過去を見直す機運が高まる中で、ドイツ人自身によるナチ犯罪の追及が改めて始まる。契機は、1963年にフランクフルトで始まったアウシュビッツ裁判だった。アイヒマン裁判の実現にも積極的に協力したヘッセン州検事総長、フリッツ・バウアーが主導、アウシュビッツ強制収容所長の副官ロベルト・ムルカら22人が訴追され、6名に終身刑、11名に有期刑が科された。裁判は西ドイツ国民に、ホロコーストの残虐性を改めて認識させる契機となった。バウアーはミュンヘン現代史研究所の歴史学者とも連携、同研究所が法廷に提出した意見書はホロコースト研究の進展にも寄与した。

ナチ時代に訴追を免れていた犯罪の公訴時効は、ナチ体制崩壊の日（1945年5月8日）から起算されていた。公訴時効の期間が10年の傷害罪などは1955年、15年の故殺罪については1960年に時効が成立した。しかし、謀殺罪（公訴期間20年）の時効については、国会論争を経て延長が繰り返され、1979年には時効が撤廃されるに至った［石田 2014：180：192：246］。

ナチスの犯罪を戦後の司法が裁くというドイツの構図は、日本の場合には当てはまらない。ナチズムのような特定のイデオロギーに基づく政府の意思によって、特定の人々に対する犯罪行為が訴追を免れていたわけではないからだ。ただ、謀殺罪に対する時効の撤廃、ナチ犯罪に対する司法の厳しい追及は、常に過去と向き合うドイツ人の姿を国際社会に強く印象付けている。

6 戦後賠償・補償

第二次世界大戦終結直後に連合国が打ち出したのは、ドイツ国内の工場施設などを接収する現物賠償だった。終戦直後に連合国が日本の工場や発電所の機材を搬出したのと軌を一にするものだった。

その後、日本はサンフランシスコ平和条約や日ソ共同宣言、日中共同声明などによって、ほとんどの国と請求権の相互放棄という形で賠償問題を決着した。一部の東南アジア諸国については、国交正常化と同時に個別の賠償協定を結び、賠償金を支払った[10]。しかし、ドイツは東西に分断されていたため、各国と平和条約を結ぶことができなかった。

そのため、ドイツ連邦共和国は、被害者個人に対する補償という方式を進めていった[11]。補償の柱となったのが１９５６年制定の連邦補償法である〔石田 ２０１４：１３１〕。１９４６年にアメリカ占領区域で始まったナチに迫害された人々に対する補償政策がその雛形だった。連邦補償法の救済の対象は、１９５２年末までに連邦共和国に住所を持っていたか持続的に滞在していた者、または住所が旧ドイツ帝国内（１９３７年12月末当時）にあった者に限られた（属地主義）。

連邦共和国は、さらにベルギー、フランスなど西欧12か国との間で協定を結び、それぞれ相手国を通じて、外国に住む被害者に個人補償を行った。ユーゴスラビア、ハンガリー、チェコスロバキア、ポーランドに対しては、医学実験の名目で被害を与えた人々に対する補償を行った。

これとは別に、イスラエルに対しては、事実上の国家賠償とも言うべき補償を進めた。イスラエルの建国は第二次大戦後の１９４８年で、ドイツとは戦争していないので国家賠償を要求することは困難だった。しかし、イスラエル政府はユダヤ民族を代弁する唯一の国家として15億ドル（連邦共和国10億ドル、東ドイツ5億ドル）の賠償請求を行った〔武井 ２０１７：１２―１７〕。連邦政府はこれに応じて１９５２年、イスラエル政府及びイスラエル外に住むユダヤ人を代表する「対ドイツ物的損害請求会議」と包括的補償協定（ルクセンブルク協定）[12]を結んだ。イスラエルへの補償は、インフラ整備などの形で行われたが、イスラエル外に住むホロコースト生存者のために、請求会議には4億５０００万マルクが支払われることになった。なお、東ドイツは、ソ連などに対してのみ自らの賠償義務があるとしており、イスラエルからの賠償要求も受け入れなかった。

1990年のドイツ統一後、ヨーロッパの中心部に誕生した大国、統一ドイツに対する近隣諸国の不安を払拭するためにも新たな補償政策が必要となった。連邦補償法の属地主義により、補償されなかった東欧諸国のナチ被害者を救済するため、ポーランド、ロシア、ウクライナ、白ロシアとの間に和解基金を設置した。

1996年にはドイツ連邦憲法裁判所が、これまでの補償政策の範囲外だった企業による強制労働の個人請求権を認める判決を言い渡した。これを機に、ナチ時代の強制労働をめぐりドイツ企業を相手取った訴訟が相次ぎ、アメリカでは大規模な集団訴訟も起きた。これを受け、ドイツ政府とドイツ企業12社が新たな基金「記憶・責任・未来」を設立、被害者の救済を始めた(13)［石田 2014：293—95］。

1990年には米英仏ソの4か国が東西ドイツの統一を承認する「ドイツ問題の最終解決に関する条約」（いわゆる2＋4条約）が調印されたが、これも平和条約ではなく、賠償に関する取り決めは盛り込まれなかった。4か国はドイツにおけるすべての権利を放棄した。連邦政府は同条約によって賠償問題は決着したとした(14)。

このように日本とドイツでは、先の大戦中に何が起きたか、どういう状況下で戦後処理に取り組んだのかといった歴史的経緯が異なっている。そのため、日本の外務省は「両国の取組みを単純に比較して評価することは適当ではありません(15)」との立場を示している。一方で、「記憶・責任・未来」の設立は日本の市民団体などの関心も集め、日本も強制連行被害者などに対し同様の補償をすべきだとの声も上がっている。

7　ブラントとヴァイツゼッカー

ドイツ連邦共和国の初代首相、コンラート・アデナウアー（1876─1967、首相在任 1949─1963）は、西側陣営の一員としての米国との協調、自由経済、反共産主義と共に、反ナチズムを掲げた。新生西ドイツが過去のナチから訣別した国家であることを世界に示すことが求められていたのである。一方で、連合国の占領期間中に進められた非ナチ化政策（ナチ党員やナチ支持者の公職、準公職からの排除）を見直し、国民の結束を固めることも課題でもあった。アデナウアーは真に責任を負うべき者（重罪者と積極分子）の範囲をごく一部の人々に特定し、それ以外の国民の過去は追及しないという基本方針を打ち出した。連邦議会は、共産党を除く全政党の賛成で非ナチ化終了法を制定した。その結果、旧ナチ官吏が職場に復権した。旧国防軍はナチスと区別され、旧軍の名誉回復も進められた。第二次大戦前は中央党に所属し、ケルン市長を長く務めたアデナウアーは、ナチ体制下では勾留生活も経験している。戦後は、キリスト教民主同盟イギリス占領地区代表となり党内基盤を広げていた。戦時下には危険人物とみなされて当局に勾留され、戦後は親米反共の現実主義的な自由主義路線を進めた首相という点では、日本の吉田茂（首相在任 1946─1947、1948─1954）と共通する。

1969年の総選挙で社会民主党が政権を握ると、党首のウィリー・ブラント（1913─1992）が首相に就任した。1930年に社会民主党に参加、より急進的な社会主義労働者党の創設にも関わり、ナチ政権誕生後、ノルウェーに逃れ、北欧で反ナチ抵抗運動に従事した経歴を持つ。首相就任後、ソ連

写真8-1　ワルシャワのユダヤ人犠牲者追悼碑前で跪くブラント首相
写真提供：DPA／共同通信イメージズ.

との間の国境不可侵を約束したモスクワ条約を締結、ポーランドとの間でも相互不可侵などを定めたワルシャワ条約を締結するなど、東方外交を展開した。１９７０年12月7日、同条約調印式に臨んだ足で、ワルシャワゲットー跡地に立つユダヤ人犠牲者追悼碑を訪れたブラントは、その前で突然跪き、無言の祈りを捧げた（写真8-1）。そのニュースは写真と共に世界に配信され、ポーランドに対する謝罪として好意的に受け止められた。もっとも、西ドイツのシュピーゲル誌の世論調査によると、この跪きについての国民の評価は、「適切」41%、「やり過ぎ」48%と分かれた［木佐 2001：162］。社民党政権は74年にブラントからシュミットに引き継がれ１９８２年まで続いた。この間、歴史教育の分野でも変化が進んだ。１９５０年代末以降、ホロコーストが教科書で詳細に扱われるようになったが、70年代以降、特に社民党政権下の州では、「歴史」に代わって「社会科」が導入され、民主主義的な市民の育成という観点からナチズムの問題が扱われるようになっていった。１９７２年からは西ドイツ＝ポーランド教科書会議が始まり、76年には両国の歴史と地理の教科書記述の改善を求める勧告がまとめられた。こうした変化の背景には、先にも述べた司法訴追や歴史研究の進展、親の世代を告発した１９６０年代末の若者の反乱などもあった。

ドイツ敗戦40周年を迎えた１９８５年5月8日には，「われわれ全員が過去を引き受けなければならない」と述べたリヒャルト・フォン・ヴァイツゼッカー大統領の演説が世界の注目を集めた。

「罪の有無，老幼いずれを問わず，われわれ全員が過去を引き受けなければなりません。だれもが過去からの帰結に関わり合っており，過去に対する責任を負わされております。――中略――過去に目を閉ざす者は結局のところ現在にも盲目となります。非人間的な行為を心に刻もうとしない者は，またそうした危険に陥りやすいのです」［ヴァイツゼッカー ２００９：邦訳 １１］。

写真8-2　ベルリン中心部に開設されたユダヤ人犠牲者の苦悩を伝える広大なモニュメント．過去に対する責任を引き受けるドイツの象徴ともいえる．
筆者撮影．

世界の人々の心を打つ，格調高い演説であった。ただし，ヒトラーと個々のドイツ人の責任を区別しようとしており，内容にも新味がないとの受け止め方も一部にはある。過去に責任を負うべきことは述べていても，ドイツの罪についてはほとんど語らず，謝罪したわけでもなかったというのである［木佐 ２００１：２１４―２１５］。これに対し，日本の村山首相談話は，過去の侵略と植民地支配に謝罪と反省の意を表明している。しかし，村山談話は国際社会から一定の評価は得ていても、ブラントの跪きのような衝撃力はない。世界への発信力の点では、ドイツの方がはるかに先行しているということなのだろうか。

8　過去の責任を引き受ける

第二次世界大戦後、日本とドイツは連合国から共に危険な国家とみなされ、旧軍の解体、戦犯裁判、民主化に向けた改革が進められた。分断国家となったドイツと日本では戦後補償のあり方に違いはあった。戦後も時効なしで刑法責任が問われ続けるナチ犯罪と、戦地での蛮行という性格が強い日本の戦争犯罪とでは、責任追及のあり方や国民の向かい合い方も異なった。

ドイツの過去の反省を理想化することに異を唱えた著作として、例えばジャーナリストの木佐芳男の議論が挙げられる。ドイツではホロコースト（C類型の戦争犯罪）は問題にしてきたが、侵略戦争（A類型の戦争犯罪）や通例の戦争犯罪（B類型の戦争犯罪）の罪責はほとんど忘れられていたという。木佐はこれを「ABCトリック」という［木佐 2001：165–166］。また、戦後ドイツでは、ナチに加担した悪いドイツ人と善良なドイツ人に分けられたが、連邦共和国の非ナチ化政策の過程で、ナチに関わった者も含むほとんどのドイツ人が、善良なドイツ人に分類された。ナチの犯罪は問われても、国防軍の名誉は守られてきたというのだ。ナチスに罪を着せ、ふつうのドイツ人をクリーンにするカラクリを非ナチ化の英語とドイツ語(16)のそれぞれの頭文字をとり、「DEトリック」と呼んだ［木佐 2001：112］。ヴァイツゼッカー演説は、ドイツ人をヒトラーの被害者に位置付けるこの2つのトリックの集大成だという。

一方、ドイツ近現代史研究者の石田勇治は、ドイツでは「過去の克服」を促す力と、これを押しとどめる力が作用し、そのせめぎあいを経て現在にいたったと見る。過去の不法が不法として認識されるためには、ドイツ社会の法意識の十分な成熟と人権感覚の成長が不可欠であったという。石田は、「日本軍の南京大虐殺をナチのユダヤ人大虐殺になぞらえるのは適切ではない」（日本に民族抹殺計画はなかった）としながら、ナチ時代の不法はユダヤ人大虐殺だけではないと指摘する。占領下の住民や捕虜の虐待、占領地住民の強制労働、生体実験という点で、日本とドイツはどれだけかけ離れていたのかと疑問を呈する〔石田 2014：11―12〕。「過去の克服」をとおして自らの尊厳と自信を取り戻したドイツと、過去の「負の遺産」が東アジア諸国との関係で「躓きの石」となっている日本は、同じ敗戦国ながら対照的だというのだ。

「ABCトリック」や「DEトリック」が、戦後ドイツの一面を示してきたことは確かであろう。ドイツにおいてナチスは批判されても、一般市民は被害者ととらえられてきた。日本において、一部の軍人が暴走したが、国民は被害者であったとする見方とも通底するもので、その構図は理解できる。また、賠償・補償問題については、本章で見てきた通り、日本とドイツでは置かれた状況、対応の手法が異なっていることも認識しなければならない。戦後日本も講和条約の締結等を経て賠償問題を決着させ、国際協力・経済支援を通じて国際社会の信頼をかちえてきた。しかし、過去と真摯に向き合うドイツ社会の葛藤と変化からも汲み取るべきものがあるのではないか。ヴァイツゼッカー演説も、単なるトリックとして片づけられるものなのか。罪の有無にかかわらず、過去の責任は引き受けなければならないという大統領の言葉は重い。

注

(1) ソ連はこの時点で、対日参戦していなかった。中国は会談には参加していなかったが、トルーマンから通知を受けた蔣介石は、ポツダム宣言の内容に同意した。

(2) 米軍負担を軽減するため、米統合参謀長会議の下部機関、統合戦争計画委員会で作成された。北海道や東北はソ連軍、関東・中部は米軍、近畿は米中共同、四国は中国軍、九州・中国地方は英軍、東京は米英中ソの共同占領とされた［五百旗頭 1985：217］。

(3) 駐日イギリス大使館勤務の経験もある日本研究者、ジョージ・サンソムが、天皇の持つ憲法上の大権を利用して現存の統治機構を通じて改革を進める方が効果的と進言し、英政府の方針となった［細谷 1979：157―62］。

(4) ただし、正式な裁判開始日は、起訴状が連合国ドイツ管理理事会に提出した10月18日とされている［芝 2015：65］。

(5) ホロコーストの実行責任者、ヒムラーは45年5月、イギリス軍の捕虜となった後に自殺、ハイドリッヒは、42年にチェコでレジスタンス・グループによって暗殺されていた。

(6) 起訴状の被告は24名だったが、開廷前に1名が自殺、1名が病気のため訴追から外された。1名（総統秘書のボルマン）は行方不明のまま訴追されていた［芝 2015：86―89］。

(7) ゲーリングは処刑前に自殺、行方不明のまま絞首刑を言い渡されていたボルマンは、戦争末期に死亡していることが後に確認された［芝 2015：90―91］。

(8) 「平和に対する罪」「殺人」「通例の戦争犯罪及び人道に対する罪」に分けられた。

(9) 占領下において「人道に対する罪」が適用されたが、事後法であり、ドイツ刑法には引き継がれなかった。

（10）第5章参照。
（11）賠償と補償の違いは、第5章1節の注（1）を参照。
（12）調印の場がルクセンブルク市庁舎だったことに由来する。
（13）「記憶・責任・未来」の詳細については、Jansen［2009］が詳しい。
（14）例えば、2015年、経済危機に瀕したギリシャ政府が、ドイツに対する賠償請求を検討し、賠償額2787億ユーロ（36兆円）と試算したが、ドイツ政府は拒否した。
（15）「外務省ホームページ」（https://www.mofa.go.jp/mofaj/area/taisen/qa/index.html　2021年5月13日閲覧）。
（16）非ナチ化を英語で Denazification、ドイツ語で Entnazifizierung という。

おわりに

今から約30年前、筆者はアメリカ・ワシントンDCのジョンズ・ホプキンス大学大学院（SAIS）に留学し国際政治学を学んでいた。印象に残っている授業がある。歴史問題に関する教授のある問いかけだ。「日本はなぜ歴史問題で批判されているのだろうか。欧米諸国も侵略や植民地支配を繰り返していたではないか」。いつも我先に意見を主張する学友が皆顔を見合わせて黙り込み、沈黙が続いた。

そこで「注意深く読んでほしい」と示されたのが、本書の第1章でも触れたアメリカの外交官、マクマリーのメモランダムだった。1920年代に公使として北京に駐在していたマクマリーは、中国ナショナリズムの挑戦を受けながらも、協調外交を進める日本の幣原外交に深い信頼を寄せていた。時代の変化を認めつつ、いかに平和的なプロセスを経て、国家間の利害を調整し、新しい国際秩序を作っていくことが出来るのか。それがマクマリーの問題意識だった。しかし、幣原外交は日本国内では軟弱と批判された。遅れて帝国主義国の仲間入りをしたばかりの日本は、時代の変化を読み取ることが出来なかった。関東軍が引き起こした満州事変によって幣原外交に終止符が打たれ、日本は英米を中心とする世界秩序に対する挑戦者となっていった。

歴史は複雑であり、安易な善玉・悪玉論では片づけられない。日本の「侵略と植民地支配」が、欧米諸国のそれとどこまで共通性があるのか、違いがあるとすればそれは何か。本書の執筆にあたっても、この問いが絶えず筆者の念頭にあった。

第1章では、日本の「侵略」を否定する中村粲の論考を取り上げ、日米開戦に至るプロセスを考察した。「先の大戦」は、実に複雑なプロセスの結果であり、「侵略」の一語で語られるものではない。しかし、少なくとも満州事変後の展開が「侵略」であったことは否めないことも指摘した。

第2章では、日本の植民地統治は、台湾統治が始まった時点では、欧米諸国からも高い評価を得ながら、1930年代後半以降、特に朝鮮では住民の強い反発を引き起こしていったこと、その背景に同化政策があったことを指摘した。

第3章では、侵略戦争を犯罪とした東京裁判判決が「事後法の禁止」に反するという問題に焦点を当てて、東京裁判の政治性について考察した。

第4章では、靖国問題に焦点をあてながら、戦没者追悼のあり方を検討した。様々な戦争観、思想信条を持つ国民がわだかまりなく追悼できる仕組みが必要で、追悼の多元性が確保されている現状を肯定的に評価した。

第5章では、戦後補償問題について、国際間の取り決めが尊重されなければ外交は混乱するとの視点から、サンフランシスコ平和条約の枠組みを重視した2007年の最高裁判決を評価する立場から論じた。

第6章は、慰安婦問題を取り上げ、日本がこれまで誠意をもって「償い事業」に取り組んできたこと、今日の日韓関係に象徴される慰安婦問題の混迷を脱するためには、さらなる相互理解が必要なことを論じた。

第7章では、個々の歴史論争を取り上げ、なぜ歴史に対する見解の相違が生じるかという問題に焦点をあてた。

第8章では、戦後ドイツが過去とどのように向き合ってきたか、日本と比較しながら検証した。ユダヤ人の絶滅をはかったドイツの犯罪と、日本の戦争犯罪を同列に論じることには無理がある。しかし、「過去の責任を引き受ける」というドイツの姿勢には、深く考えさせられるものがあるのではないか。そんな思いで、この章をまとめた。

複雑な歴史を解きほぐし、わかりやすく解説する。そんな当初の目標はどこまで達成できただろうか。歴史認識問題についての理解を深めるにあたって、本書がその一助となれば、筆者にとって限りない喜びである。原爆投下、歴史教育、昭和天皇など十分に触れられなかったテーマも多々あるが、別の機会に譲りたい。最後に晃洋書房編集部の丸井清泰氏と徳重伸氏には、企画段階からアドバイスをいただき、草稿に何度も目を通してくださった。心より謝意を表したい。

2021年5月

天日隆彦

参考文献

朝日新聞法廷記者団［1962］『東京裁判 下巻』東京裁判刊行会。

家永三郎［2002］『太平洋戦争』岩波書店。

五百旗頭真［1985］『米国の日本占領政策――戦後日本の設計図 下』中央公論社。

――［2011］「真珠湾への道」、筒井清忠編『新昭和史論――どうして戦争をしたのか』ウェッジ。

井口武夫［2008］『開戦神話 対米通告はなぜ遅れたのか』中央公論新社。

石射猪太郎［2015］『外交官の一生 改版』中央公論新社。

石田勇治［2014］『過去の克服《新装復刊》ヒトラー後のドイツ』白水社。

伊藤智永［2009］『奇をてらわず――陸軍省高級副官美山要蔵の昭和』講談社。

ヴァイツゼッカー、R．F．von［2009］『新版 荒れ野の40年――ヴァイツゼッカー大統領ドイツ終戦40周年記念演説』（永井清彦訳）、岩波書店。

上山春平［1961］「大東亜戦争の思想的意味」「中央公論」76（1）。

大蔵省財政史室編［1984］『昭和財政史――終戦から講和まで――第1巻』東洋経済新報社。

沖縄タイムス社編［1993］『鉄の暴風――沖縄戦記 第10版』沖縄タイムス社。

大沼保昭［2007］『「慰安婦」問題とは何だったのか』中央公論新社。

――［2015］『「歴史認識」とは何か』（聞き手・江川紹子）、中央公論新社。

小熊英二［１９９８］『〈日本人〉の境界 沖縄・アイヌ・台湾・朝鮮 植民地支配から復帰運動まで』新曜社。

小倉和夫［２００３］『吉田茂の自問――敗戦、そして報告書「日本外交の過誤」』藤原書店。

小田滋・石本泰雄編修代表［２００３］『解説 条約集 第10版』三省堂。

笠原十九司［１９９７］『南京事件』岩波書店。

――――［１９９９］「南京大虐殺はニセ写真の宝庫ではない」、南京事件調査研究会編『南京事件否定論13のウソ』柏書房。

――――［２００８］『「百人斬り競争」と南京事件 史実の解明から歴史対話へ』大月書店。

鹿島平和研究所編［２０１３ａ］『現代国際関係の基本文書 上』日本評論社。

――――［２０１３ｂ］『現代国際関係の基本文書 下』日本評論社。

梶山季之［２０１２］「族譜」、中島敦他『コレクション 戦争と文学17 帝国日本と朝鮮・樺太』集英社。

加瀬俊一［２００５］「東京裁判を裁判せよ」、佐藤和男監修『世界がさばく東京裁判』明成社。

木佐芳男［２００１］『〈戦争責任〉とは何か』中央公論新社。

木坂順一郎［１９８５］「『大日本帝国』の崩壊」、歴史学研究会・日本史研究会編『講座日本歴史10 近代４』東京大学出版会
――――［１９８８］「アジア・太平洋戦争論――戦争の呼称と性格をめぐって」、川端正久編『１９４０年代の世界政治』ミネルヴァ書房。

北岡伸一［２０１３］『日本の近代５――政党から軍部へ １９２４～１９４１』中央公論新社。

――――［２０１７］『日本政治史――外交と権力 増補版』有斐閣。

北村稔［２００１］『「南京事件」の探究――その実像を求めて』文藝春秋。

金英達［１９９２］「創氏改名の制度」、宮田節子・金英達・梁泰昊『創氏改名』明石書店。

木村幹［２０１９］「日本植民地支配と歴史認識問題」、山内昌之・細谷雄一編『日本近現代史講義――成功と失敗の歴史に学ぶ』中央公論新社。

宮内庁侍従職編［１９９０］『おほうなばら――昭和天皇御製集』読売新聞社。

ゴシュラー、C.［２０１１］「第二次世界大戦後のヨーロッパの協調において補償が果たした役割」（武井彩佳訳）、佐藤健生・N. フライ編『過ぎ去らぬ過去との取り組み 日本とドイツ』岩波書店。

近衛文麿［２０１５］『清談録』千倉書房。

今野勉［２０１１］「真珠湾を「予知」した男たち」、秦郁彦編『検証・真珠湾の謎と真実――ルーズベルトは知っていたか』中央公論新社。

佐藤健生［１９９３］「ドイツの戦後補償立法とその実行について」、B. B. フェレンツ『奴隷以下――ドイツ企業の戦後責任』（住岡良明・凱風社編集部訳）、凱風社。

佐藤健生・N. フライ編［２０１１］『過ぎ去らぬ過去との取り組み――日本とドイツ』岩波書店。

佐藤元英・黒沢文貴編［２００２］『GHQ歴史課陳述録――終戦史資料（上）』原書房。

塩出浩之「戦前期樺太における日本人の政治的アイデンティティについて――参政権獲得運動と本国編入問題」「スラブ・ユーラシア学の構築」研究報告集（北海道大学）、11(https://src-h.slav.hokudai.ac.jp/coe21/publish/no11/shiode_hiroyuki.pdf　2021年6月1日閲覧)。

重光葵［１９８６］『重光葵手記』（伊藤隆・渡邊行男編）、中央公論社。

――――［２００１］『昭和の動乱（上）』中央公論新社。

宍戸伴久［２００８］「戦後処理の残された課題――日本と欧米における一般市民の戦争被害の補償」『レファレンス』58(12)。

幣原喜重郎［２００７］『外交五十年』中央公論新社。

芝健介［２０１５］『ニュルンベルク裁判』岩波書店。

司馬遼太郎［１９９３］『この国のかたち 一』文藝春秋。

謝花直美［２００８］『証言 沖縄「集団自決」――慶良間諸島で何が起きたか』岩波書店。

小学館『大辞泉』編集部編［１９９８］『大辞泉 増補・新装版』小学館。

白石仁章［２０１５］『杉原千畝――情報に賭けた外交官』新潮社。

鈴木明［１９７３］『「南京大虐殺」のまぼろし』文藝春秋。

杉原千畝［１９９６］「決断（外交官秘話）」、渡辺勝正編『決断・命のビザ』大正出版。

杉原幸子［１９９０］『六千人の命のビザ』朝日ソノラマ。

須藤眞志［２０１１］「真珠湾陰謀説の系譜」、秦郁彦編『検証 真珠湾の謎と真実――ルーズベルトは知っていたか』中央公論新社。

千田夏光［１９７３］『従軍慰安婦――〝声なき女〟八万人の告発』双葉社。

曽野綾子［２００６］『沖縄戦・渡嘉敷島「集団自決」の真実 日本軍の住民自決命令はなかった！』ワック。

孫歌［２０００］「日中戦争 感情と記憶の構図」『世界』６７３。

高橋哲哉［２００５］『靖国問題』筑摩書房。

武井彩佳［２０１７］『〈和解〉のリアルポリティクス ドイツ人とユダヤ人』みすず書房。

千鳥ヶ淵戦没者墓苑奉仕会編［２００９］『千鳥ヶ淵戦没者墓苑創建50年史』千鳥ヶ淵戦没者墓苑奉仕会。

鶴見俊輔［１９５６］「知識人の戦争責任」『中央公論』71（1）。

等松春夫［２０１１］『日本帝国と委任統治』名古屋大学出版会。

戸部良一［１９９９］『日本陸軍と中国』講談社。

――［２０１１］「満州事変から日中戦争へ――日中関係の実像とは」、筒井清忠編『新昭和史論――どうして戦争をしたのか』ウェッジ。

中野聡［２０１２］『東南アジア占領と日本人――帝国・日本の解体』岩波書店。

中村粲［１９９０］『大東亜戦争への道』展転社。

――［１９９５］「大東亜戦争はなぜ起こったのか」、歴史検討委員会編『大東亜戦争の総括』展転社。

中村直文・ＮＨＫ取材班［２００７］『靖国 知られざる占領下の攻防』ＮＨＫ出版。

中村稔［２０１５］『私の日韓歴史認識』青土社。

奈良岡聰智［２０１５］『対華二十一ヵ条要求とは何だったのか――第一次世界大戦と日中対立の原点』名古屋大学出版会。

――［２０１９］「第一次世界大戦と日中対立の原点」、山内昌之・細谷雄一編『日本近現代史講義――成功と失敗の歴史に学ぶ』中央公論新社。

南京戦史編集委員会［１９８９］『南京戦史』偕行社。

新渡戸稲造［１９４３］矢内原忠雄編『新渡戸博士植民政策講義及論文集』岩波書店。

根本敬［１９９６］『アウン・サン――封印された独立ビルマの夢 現代アジアの肖像13』岩波書店。

秦郁彦［１９９２］「昭和史の謎を追う 第37回 従軍慰安婦たちの春秋」『正論』６月号。

――［１９９９］『慰安婦と戦場の性』新潮社。

――［２００７］『南京事件 増補版』中央公論新社。

――［２０１１］「スティネット『欺瞞の日』の欺瞞」、秦郁彦編『検証・真珠湾の謎と真実――ルーズベルトは知っていたか』中央公論新社。

――［２０１４］『決定版 日本人捕虜（上）――白村江からシベリア抑留まで』中央公論新社。

波多野澄雄［１９９６］『太平洋戦争とアジア外交』東京大学出版会。

――［２０１５］「戦後補償裁判」、東郷和彦・波多野澄雄編『歴史問題ハンドブック』岩波書店。

服部卓四郎［１９５３］『大東亜戦争全史』鱒書房。

林房雄［１９６４］『大東亜戦争肯定論』番町書房。

阪東宏［2002］『日本のユダヤ人政策1931―1945――外交史料館文書「ユダヤ人問題」から』未来社。

東中野修道［1998］『「南京虐殺」の徹底検証』展転社。

東中野修道・小林進・福永慎次郎［2005］『南京事件「証拠写真」を検証する』草思社。

樋口隆一［2020］『陸軍中将 樋口季一郎の遺訓――ユダヤ難民と北海道を救った将軍』勉誠出版。

日暮吉延［2002］『東京裁判の国際関係――国際政治における権力と規範』木鐸社。

ピーティー、M.［2012］『植民地 20世紀日本 帝国50年の興亡』（浅野豊美訳）、慈学社出版。

深田祐介［2004］『大東亜会議の真実 アジアの解放と独立を目指して』PHP研究所。

福澤諭吉［2003］『福澤諭吉著作集第8巻 時事小言 通俗外交論』慶應義塾大学出版会。

防衛庁防衛研修所戦史室［1970］『戦史叢書 大本営陸軍部3』朝雲新聞社。

法令用語研究会（代表岩尾信行）［2020］『有斐閣 法律用語辞典 第5版』有斐閣。

細谷千博［1979］『日本外交の座標』中央公論社。

細谷雄一［2015］『戦後史の解放I歴史認識とは何か――日露戦争からアジア太平洋戦争まで』新潮社。

水野直樹［2008］『創氏改名――日本の朝鮮支配の中で』岩波書店。

三谷太一郎［2017］『日本の近代とは何であったか――問題史的考察』岩波書店。

美濃部達吉［1946］『改訂 憲法撮要』有斐閣。

宮城晴美［2000］『母の遺したもの』高文研。

――［2008］『《新版》母の遺したもの』高文研。

宮田節子［1992］「創氏改名の時代」、宮田節子・金英達・梁泰昊『創氏改名』明石書店。

宮田節子・金英達・梁泰昊［1992］『創氏改名』明石書店。

村山富市・和田春樹編［2014］『デジタル記念館 慰安婦問題とアジア女性基金』青灯社（https://awf.or.jp で閲覧可能）。

山室信一［１９９９］『キメラ――満州国の肖像 第6版』中央公論新社。

楊海英［２０１５］『日本陸軍とモンゴル』中央公論新社。

吉田清治［１９８３］『私の戦争犯罪――朝鮮人強制連行』三一書房。

吉田裕［２００５］『日本人の戦争観』岩波書店。

読売新聞戦争責任検証委員会［２００９ａ］『検証 戦争責任（上）』中央公論新社。

――――［２００９ｂ］『検証 戦争責任（下）』中央公論新社。

読売新聞昭和時代プロジェクト［２０１６］『昭和時代 一九八〇年代』中央公論新社。

李登輝［２００３］『「武士道」解題 ノーブレス・オブリージュとは』小学館。

鹿錫俊［２００７］「世界化する戦争と中国の「国際的解決」戦略」、石田憲編『膨張する帝国 拡散する帝国 第二次大戦に向かう日英とアジア』東京大学出版会。

若槻泰雄［１９９５］『新版 戦後引揚げの記録』時事通信社。

和田春樹［２０１５］『慰安婦問題の解決のために アジア女性基金の経験から』平凡社。

Beard, C. A. [1948] *President Roosevelt and the Coming of the War, 1941: Appearances and Realities*, New Haven : Yale University Press（開米潤監訳、阿部直哉・丸茂恭子訳『ルーズベルトの責任――日米戦争はなぜ始まったか 下』藤原書店、２０１２年）.

Carr, E. H. [1961] *What is history?*, London : Macmillan（清水幾太郎訳『歴史とは何か』岩波書店、１９６２年）.

Fish, H. [1976] *FDR: The Other Side of The Coin: How We Were Tricked into World War II*, New York, N.Y. : H. Fish（渡辺惣樹訳『ルーズベルトの開戦責任――大統領が最も恐れた男の証言』草思社、２０１４年）.

Hull, C. [1948] *The Memoirs of Cordell Hull*, New York: Macmillan（宮地健次郎訳『ハル回顧録』中央公論新社、

《著者紹介》

天日隆彦（てんにち　たかひこ）

1957年　東京都生まれ

1981年　東京大学法学部卒業，読売新聞社入社

1995年　ジョンズ・ホプキンス大学高等国際問題研究大学院（SAIS）修了，（MA）

2003年－2018年　読売新聞論説委員

現　在　帝京大学法学部教授

共著書

国分良成編『日本・アメリカ・中国――協調へのシナリオ』（ティビーエス・ブリタニカ，1997年）．

歴史認識を問う

2021年9月30日　初版第1刷発行　＊定価はカバーに表示してあります

著　者　天　日　隆　彦©
発行者　萩　原　淳　平
印刷者　田　中　雅　博

発行所　株式会社　晃　洋　書　房
〒615-0026　京都市右京区西院北矢掛町7番地
電話　075(312)0788番㈹
振替口座　01040-6-32280

装丁　㈱クオリアデザイン事務所　　印刷・製本　創栄図書印刷㈱

ISBN978-4-7710-3537-9

索　　引

〈タ　行〉

〈ナ　行〉

〈ハ　行〉

〈マ　行〉

〈ヤ　行〉

〈ラ・ワ行〉

関連年表

日本の内閣の任期については，原敬内閣（1918）から鈴木貫太郎内閣（1945）までの期間に限定して記載した．

1876年	2月26日	日朝修好条規調印
1882年	7月23日	朝鮮兵が日本公使館襲撃（壬午事変）
1884年	12月 4日	朝鮮で親日派クーデター（甲申事変，２日後に失敗）
1885年	3月16日	福沢諭吉が時事新報に「脱亜論」発表
1890年	12月 6日	山県有朋首相が施政方針演説で「利益線」論じる
1894年	8月 1日	日本が清国に宣戦布告（日清戦争始まる）
1895年	4月17日	下関条約調印
	4月23日	三国干渉
	6月17日	台湾総督府開庁
	10月 8日	閔妃殺害事件
1897年	10月16日	朝鮮が国号を大韓に改める
1898年	4月25日	米西戦争始まる
1900年	6月20日	義和団，北京の公使館区域に攻撃開始
1902年	1月30日	日英同盟調印
1904年	2月10日	ロシアに宣戦布告（日露戦争始まる）
	8月22日	第１次日韓協約調印
1905年	9月 5日	ポーツマス条約調印
	11月17日	第２次日韓協約調印
1906年	8月 1日	関東都督府設置
	11月26日	南満州鉄道株式会社設立
1907年	3月15日	樺太庁設置
	6月15日	ハーグ密使事件
	7月24日	第３次日韓協約調印
1908年	11月30日	ルート・高平協定
1909年	10月26日	ハルピンで伊藤博文が暗殺される
1910年	8月22日	韓国併合に関する条約調印
	9月30日	朝鮮総督府設置
1911年	10月10日	辛亥革命始まる
1912年	1月 1日	中華民国建国宣言
	2月12日	清朝滅亡
1913年	5月 2日	米カリフォルニア州議会で外国人土地法案可決
1914年	7月28日	第一次世界大戦勃発
	8月23日	日本がドイツに宣戦布告

1915年	1月18日	対華二十一ヵ条要求提出
	5月 7日	対華二十一ヵ条要求5号削除の上，最後通牒
	9日	中国が対華二十一ヵ条要求受諾
1917年	3月12日	ロシア2月革命
	11月 2日	石井・ランシング協定
	11月 7日	ロシア10月革命
1918年	9月29日	原敬内閣成立（−1921・11・13）
	11月11日	第1次世界大戦終結
1919年	1月18日	パリ講和会議始まる
	3月 1日	朝鮮で三・一独立運動
	5月 4日	中国で五・四運動
	6月28日	ベルサイユ講和条約調印
	8月12日	朝鮮総督に斎藤実海軍大将を任命
	20日	朝鮮・台湾の総督府官制改正
	10月29日	台湾総督に文官の田健治郎任命
1921年	3月 3日	皇太子，訪欧に出発（9・2帰国）
	15日	台湾総督府の律令制定権を制限（法三号）
	11月 4日	原首相暗殺
	12日	ワシントン会議始まる（−1922・2・6）
	13日	高橋是清内閣（−1922・6・12）
1922年	2月 6日	ワシントン会議で海軍軍縮条約、九カ国条約等調印
	3月31日	パラオ諸島コロール島に南洋庁設置
	6月12日	加藤友三郎内閣（−1923・9・2）
1923年	9月 2日	第2次山本権兵衛内閣（−1924・1・7）
1924年	1月 7日	清浦奎吾内閣（−1924・6・11）
	20日	中国で第1次国共合作成立
	5月26日	米国で排日条項含む新移民法成立
	6月11日	第1次加藤高明内閣（護憲3派内閣）（−1925・8・2）
1925年	8月 2日	第2次加藤高明内閣（−1926・1・30）
1926年	1月30日	第1次若槻礼次郎内閣（−1927・4・20）
1927年	4月20日	田中義一内閣（−1929・7・2）
	5月28日	第1次山東出兵
1928年	4月19日	第2次山東出兵
	5月 3日	日本軍と北伐軍が衝突（済南事件）
	6月 4日	張作霖爆殺事件
	8月27日	パリで不戦条約調印
	12月29日	張学良が満州で易幟（国民党に服従の意を表す）

1929年	7月　2日	浜口雄幸内閣（-1931・4・14）
	10月24日	ニューヨークで株大暴落，世界恐慌始まる
1930年	4月22日	ロンドン海軍軍縮条約調印
	10月27日	台湾で霧社事件
1931年	4月14日	第２次若槻礼次郎内閣（-1931・12・13）
	9月18日	柳条湖事件（満州事変勃発）
	10月　8日	錦州爆撃
	12月13日	犬養毅内閣（-1932・5・26）
1932年	3月　1日	満州国建国
	5月15日	犬養首相，射殺される（五・一五事件）
	26日	斎藤実内閣（-1934・7・8）
	10月　2日	外務省がリットン報告書公表
1933年	1月30日	ヒトラー，ドイツ首相に就任
	2月24日	国際連盟総会でリットン報告書採択
	3月27日	国際連盟脱退を日本が通告
	5月31日	塘沽停戦協定（満州事変に区切り）
1934年	7月　8日	岡田啓介内閣（-1936・3・9）
	12月29日	ワシントン海軍軍縮条約の単独破棄を米国に通告
1935年	6月10日	梅津・何応欽協定
	11月25日	冀東防共自治委員会成立
	12月18日	冀察政務委員会成立
1936年	2月26日	二・二六事件（2・29鎮圧）
	3月　9日	広田弘毅内閣（-1937・2・2）
	8月　1日	ベルリン・オリンピック（-1936・8・16）
	11月25日	日独防共協定調印
	12月12日	西安事件
	31日	ワシントン海軍軍縮条約失効
1937年	2月　2日	林銑十郎内閣（-1937・6・4）
	6月　4日	第１次近衛文麿内閣（-1939・1・5）
	7月　7日	盧溝橋事件（日中戦争始まる）
	9月23日	中国で第２次国共合作が正式に成立
	12月13日	日本軍南京占領
	26日	第１回極東ユダヤ人会議（-1937・12・28）
1938年	1月16日	近衛首相声明「国民政府ヲ対手トセス」
	7月11日	張鼓峰事件（1938・7・31再発）
	12月20日	汪兆銘，重慶を脱してハノイ着
1939年	1月　5日	平沼騏一郎内閣（-1939・8・30）

	5月12日	ノモンハン事件
	8月23日	独ソ不可侵条約調印
	30日	阿部信行内閣（−1940・1・16）
	9月 1日	ドイツ，ポーランドに侵攻（第二次世界大戦勃発）
1940年	1月16日	米内光政内閣（−1940・7・22）
	2月11日	創氏改名を定めた改正朝鮮民事令施行
	3月30日	汪兆銘が南京に中華民国政府樹立
	6月14日	ドイツ軍，パリ占領
	7月22日	第２次近衛文麿内閣（−1941・7・18）
	26日	杉原千畝がユダヤ人に日本通過ビザを本格的に発給始める
	9月23日	北部仏印進駐始まる
	27日	日独伊３国同盟調印
	28日	米国が屑鉄対日全面禁輸
1941年	4月13日	日ソ中立条約調印
	16日	日本政府，日米諒解案を基礎に日米交渉開始決定
	6月22日	独ソ戦始まる
	25日	南方施策促進に関する件決定（南部仏印進駐の方針）
	7月 2日	御前会議，対英米戦を辞せずとする帝国国策要綱決定
	18日	第３次近衛文麿内閣（−1941・10・18）
	25日	米国が在米日本資産凍結
	28日	南部仏印進駐始まる
	8月 1日	米国が石油対日全面禁輸
	14日	米英首脳が大西洋憲章発表
	9月 6日	御前会議，10月上旬までに対米交渉未成立なら開戦決意
	10月18日	東条英機内閣（−1944・7・22）
	25日	チャーチル英首相，ナチ犯への応報を戦争目的とすると宣言
	11月 7日	米国に甲案提示
	20日	米国に乙案提示
	26日	米国がハル・ノート提示
	12月 1日	御前会議・対米英蘭開戦決定
	7日	真珠湾攻撃（日本時間8日）
1942年	1月 2日	日本軍，マニラ占領
	2月15日	シンガポールの英軍降伏
	3月 9日	ジャワのオランダ軍降伏
1943年	8月 1日	ビルマ独立政府発足
	10月14日	フィリピン独立政府発足
	11月 5日	大東亜会議（−1943・11・6）

	12月 1日	カイロ宣言発表
1944年	7月 22日	小磯国昭内閣（-1945・4・7）
1945年	3月 26日	沖縄・座間味島に米軍上陸，その前後に集団自決
	28日	沖縄・渡嘉敷島で集団自決
	4月 7日	鈴木貫太郎内閣（-1945・8・17）
	5月 7日	ドイツ軍降伏（7日ランス，8日ベルリン）
	6月 23日	沖縄で日本軍の組織的戦闘終わる
	7月 17日	ポツダム会談（-1945・8・2）
	26日	ポツダム宣言
	8月 8日	ロンドン協定
	15日	昭和天皇が終戦詔書をラジオ放送
	17日	インドネシア独立を宣言
	9月 2日	日本が降伏文書調印
	11月 20日	靖国神社で臨時大招魂祭（-1945・11・21）
		ニュルンベルク裁判開廷
	12月 15日	神道指令
1946年	5月 3日	東京裁判開廷
	9月 30日	ニュルンベルク裁判判決（-1946・10・1）
1948年	5月 14日	イスラエル建国
	11月 4日	東京裁判判決（-1948・11・12）
	12月 23日	東京裁判の死刑判決執行
1949年	5月 23日	ドイツ連邦共和国（西独）成立（連邦共和国基本法制定）
	10月 1日	中華人民共和国成立
	7日	ドイツ民主共和国（東独）成立
1951年	9月 8日	サンフランシスコ平和条約調印
	10月 18日	吉田茂首相が靖国神社参拝
1952年	4月 28日	サンフランシスコ平和条約発効，日本が主権回復
	5月 2日	第1回全国戦没者追悼式（新宿御苑）
	9月 10日	ルクセンブルク協定調印
1954年	11月 5日	日本とビルマの間で平和条約，賠償協定調印
1956年	5月 9日	日本とフィリピンの間で賠償協定調印
	6月 29日	西独で連邦補償法成立
	10月 19日	日ソ共同宣言
1958年	1月 20日	日本とインドネシアの間で賠償協定調印
	4月 9日	厚生省が「BC級戦犯」合祀を靖国神社に提案
1959年	3月 28日	千鳥ヶ淵戦没者墓苑竣工式及び追悼式
	4月 6日	靖国神社に「BC級戦犯」が初めて合祀される

1960年	5月11日	イスラエル政府がアルゼンチンでアイヒマン逮捕
1961年	12月15日	アイヒマン裁判判決
1963年	8月15日	全国戦没者追悼式（日比谷公会堂）
	12月 7日	東京地裁が原爆投下は国際法違反と判示（下田判決）
1964年	8月15日	全国戦没者追悼式（靖国神社）
1965年	5月12日	西独とイスラエルが国交樹立
	6月22日	日韓基本条約調印
	8月15日	全国戦没者追悼式（以降，日本武道館で開催）
	19日	アウシュビッツ裁判判決（-1965・8・20）
1970年	12月 7日	西独・ブラント首相，ワルシャワの追悼碑前で跪く
1972年	9月29日	日中共同声明，日中国交樹立
1975年	8月15日	三木武夫首相が靖国神社参拝，私的参拝を強調
1977年	7月13日	津地鎮祭事件の最高裁判決.「目的効果基準」示す
1978年	10月17日	靖国神社に「A 級戦犯」が合祀される
1979年	7月 3日	西独でナチス犯罪（謀殺罪）の時効廃止
1982年	6月26日	教科書検定で，「侵略」が「進出」に修正されたとの新聞報道
1985年	5月 8日	西独ヴァイツゼッカー大統領，敗戦40周年演説
	8月15日	中曽根康弘首相が靖国神社公式参拝
1990年	10月 3日	東西ドイツ統一
1991年	8月14日	元慰安婦の金学順がソウルで記者会見
1992年	1月11日	朝日新聞が「慰安所・軍関与示す資料」と報道
	17日	宮沢喜一首相，日韓首脳会談で慰安婦問題の真相究明約束
1993年	8月 4日	河野官房長官談話
1995年	7月19日	「アジア女性基金」発足
	8月15日	戦後50年の「村山首相談話」発表
1996年	1月 4日	クマラスワミ報告（「戦時の軍性奴隷問題に関する報告書」）
1997年	4月 2日	愛媛玉串料訴訟最高裁判決
1998年	6月22日	マクドゥーガル報告（「奴隷制の現代的形態」）
2000年	12月 8日	東京で民間団体による「女性国際戦犯法廷」（-2000・12・12）
2001年	8月13日	小泉首相が靖国神社参拝（2006年の退任まで毎年１回参拝）
2002年	9月17日	日朝平壌宣言
	12月24日	追悼懇報告書が国立追悼施設建設を提言
2005年	8月15日	戦後60年の「小泉首相談話」発表
2006年	7月20日	昭和天皇が「A 級戦犯」靖国合祀に不快感を示していたとの報道
	10月 8日	日中首脳が日中歴史共同研究の実施で同意
2007年	3月31日	「アジア女性基金」解散

	4月27日	「中国人強制連行事件」最高裁判決
	7月30日	米下院が慰安婦問題で日本に謝罪を求める決議
2010年	1月31日	日中歴史共同研究報告書発表
2011年	8月30日	韓国憲法裁判所が，韓国政府の日本に対する不作為は，元慰安婦の権利侵害と判示
	12月14日	ソウル日本大使館前路上に民間団体が慰安婦の少女像設置
2012年	5月24日	韓国大法院が，徴用工事件は日韓請求権協定の対象外と判断
2013年	12月26日	安倍首相が靖国神社参拝
2014年	6月20日	日本政府の検討会による河野談話検証報告書
	8月　5日	朝日新聞が慰安婦「吉田証言」の記事取り消し
2015年	8月14日	戦後70年の「安倍首相談話」発表
	15日	全国戦没者追悼式，天皇の「お言葉」に「深い反省」盛り込まれる
	12月28日	日韓両政府が慰安婦合意
2018年	10月30日	韓国大法院，徴用工事件の上告棄却．日本企業の賠償求めた高裁判決確定

（出所）北岡［2017］，佐藤・フライ［2011］，ピーティー［2012］の各年表などを参照した．

２００１年).

Jansen, M. and Saathoff, G. eds. [2009] *A Mutual Responsibility and A Moral Obligation:The Final Report on Germany's Compensation Programs for Forced Labor and other Personal Injuries*, New York : Palgrave Macmillan.

Nehru, J. [1939] *Climpses of World History*, London: Lindsay Drummond Limited（大山聰訳『父が子に語る世界歴史３』みすず書房，１９６６年).

MacMurray, J. [1992] *How the Peace Was Lost:The 1935 Memorandum Developments Affecting American Policy in the Far East*, Board of Trustees of theLeland Stanford Junior University, Edited and with an introduction and notes by A. WaldronStanford, Calif. : Hoover Institution Press（北岡伸一監訳、衣川宏訳『平和はいかに失われたか』原書房、１９９７年).

Paul, C. [1996] *Zwangsprostitution :Staatlich errichtete Bordelle im Nationalsozialisms*, Berlin : Edition Hentrich（『ナチズムと強制売春――強制収容所特別棟の女性たち』明石書店、１９９６年).

Rabe, J. [1997] *Der Gute Deutsche von Nanking by John Rabe*, Stuttgart : Deutsche Verlags-Anstalt Gmbh（平野卿子訳『南京の真実』講談社、１９９７年).

Stinnett, R. B. [2000] *Day of Deceit:The Truth about FDR and Pearl Harbor*, New York : Free Press（妹尾作太郎監訳、荒井稔・丸田知美訳『真珠湾の真実 ルーズベルト 欺瞞の日々』文藝春秋，２００１年).

Weinke, A. [2006] *Die Nürnberger Prozesse*, München : Verlag C. H. Beck oHG（板橋拓己訳『ニュルンベルク裁判』中央公論新社、２０１５年).